Problematisches und pathologisches Glücksspielverhalten
bei Spielhallen-Servicekräften

Schriftenreihe zur Glücksspielforschung

Herausgegeben von Tilman Becker

Band 22

PETER LANG

Christian Kornek

Problematisches und pathologisches Glücksspielverhalten bei Spielhallen-Servicekräften

PETER LANG

Bibliografische Information der Deutschen Nationalbibliothek
Die Deutsche Nationalbibliothek verzeichnet diese Publikation in der Deutschen Nationalbibliografie; detaillierte bibliografische Daten sind im Internet über http://dnb.d-nb.de abrufbar.

Zugl.: Bremen, Univ., Diss., 2020

Lichtbildwerk und Umschlaggestaltung:
© Olaf Gloeckler, Atelier Platen, Friedberg

Gedruckt auf alterungsbeständigem, säurefreiem Papier.
Druck und Bindung: CPI books GmbH, Leck

D 46
ISSN 1861-759X
ISBN 978-3-631-81832-9 (Print)
E-ISBN 978-3-631-82150-3 (E-PDF)
E-ISBN 978-3-631-82151-0 (EPUB)
E-ISBN 978-3-631-82152-7 (MOBI)
DOI 10.3726/b16946

Peter Lang – Berlin · Bern · Bruxelles · New York ·
Oxford · Warszawa · Wien

Diese Publikation wurde begutachtet.

www.peterlang.com

Inhaltsverzeichnis

Vorwort

Diese Arbeit widme ich Herrn Dr. phil. Tobias Hayer, Herrn Prof. Dr. rer. nat. Gerhard Meyer und Frau Prof. Dr. habil. Sigrid Rotering-Steinberg.

Ich danke Herrn Dr. phil. Tobias Hayer für die großartige Betreuung und Unterstützung. Ich bin sehr froh, Sie bei dem größten Projekt meines Lebens stets an meiner Seite gewusst zu haben. Für mich ist es das größte Glück, Ihnen auf der Suche nach einer Promotionsstelle begegnet zu sein. Danke!

Ein großer Dank geht an Herrn Prof. Dr. rer. nat. Gerhard Meyer. Es freut mich, dass Sie sich bereit erklärt haben, mein Doktorvater zu werden. Ich wollte diese Arbeit unbedingt schreiben und Sie haben mir diese einzigartige Möglichkeit gegeben. Danke!

Ihnen, Frau Prof. Dr. habil. Sigrid Rotering-Steinberg, danke ich ganz herzlich für die Unterstützung, auch in schweren Zeiten. Dafür bin ich Ihnen sehr dankbar. Sie haben mich auf meinem Weg begleitet. Danke!

Ein ganz großer Dank gebührt Herrn Tim Brosowski. Durch deine Unterstützung sind auch die unangenehmsten Bereiche der Wissenschaft interessant und angenehm geworden. Vielen Dank!

Ein herzlicher Dank geht auch an alle TeilnehmerInnen der Befragung und die Unternehmen, die sich bereit erklärt haben, das Vorhaben zu unterstützen. Ohne Sie wäre die Arbeit nicht zustande gekommen.

Zusammenfassung

Theoretischer Hintergrund

Es ist festzustellen, dass große Teile des alltäglichen Lebens von Spielhallen-Servicekräften durch das Glücksspiel bestimmt werden (beispielsweise die Atmosphäre am Arbeitsplatz oder die Höhe der Trinkgelder). Die Besonderheit und der entscheidende Unterschied zwischen Spielhallen-Servicekräften und Glücksspielern/Glücksspielerinnen liegt in der Art der Beteiligung und der Motivation für das Aufsuchen einer Spielstätte. Während GlücksspielerInnen aktiv spielen, sind Angestellte „nur" passiv am Prozess des Spielens beteiligt. Sie wechseln Geld, beraten bei der Auswahl des Spiels und erleben die Situationen bei Höchstgewinnen zusammen mit den Spielern/Spielerinnen.

Bei nur wenig anderen Glücksspielformen sind Angestellte derart intensiv am Prozess des Spielens beteiligt. Im Bereich Lotto und Sportwetten beschränkt sich die Tätigkeit im Wesentlichen auf die Annahme der (Tipp-)Scheine und die Auszahlung des Gewinns. Große Gewinne werden von externen Stellen ausgezahlt. In diesem Sektor ist die berufliche Tätigkeit in Bezug auf das Glücksspiel häufig nur eine Nebentätigkeit. Selbst bei einer Tätigkeit in einem Wettbüro ist die Partizipation am Spielprozess geringer als in einer Spielhalle. Zum Beispiel können Angestellte nicht den Augenblick des Gewinnens bei jeder einzelnen Sportwette mitverfolgen. Beim traditionellen Tischspiel erfolgt eine klare Differenzierung zwischen Glücksspielern/Glücksspielerinnen und Angestellten durch die Beschäftigung als Croupier. Der Croupier ist als Spielleiter für den Ablauf des Spiels verantwortlich und repräsentiert „die Bank". In Spielhallen werden diese Tätigkeiten von Geldspielautomaten übernommen. Dennoch kann eine Suchtgefährdung auch bei anderen Tätigkeiten in der Glücksspielbranche nicht ausgeschlossen werden. Durch die intensive Partizipation am Prozess des Spielens und die tägliche Konfrontation mit der Glücksspielatmosphäre kann bei Spielhallen-Servicekräften von einer erhöhten Suchtgefahr ausgegangen werden.

In Europa bestehen bisher keine Studien zu problematischem und pathologischem Glücksspielverhalten bei Spielhallen-Servicekräften. Weltweit gibt es derzeit jedoch zwölf relevante Studien zu ähnlichen Thematiken aus fünf verschiedenen Ländern (USA, Kanada, Australien, Südkorea, China). In allen bestehenden Studien können erhöhte Teilnahmeprävalenzen bei Glücksspielen, das vermehrte Auftreten von problematischem beziehungsweise pathologischem Glücksspielverhalten oder ähnliche Problematiken bei Angestellten aus der Glücksspielbranche festgestellt werden. Während sich die bereits bestehenden

Studien auf glücksspielbezogene Probleme bei Mitarbeitern/Mitarbeiterinnen aus Casinos und der weiterführenden Glücksspielbranche (Club- und Hotel-Angestellte) beziehen, liegt der Schwerpunkt dieser Forschungsarbeit speziell auf Mitarbeitern/Mitarbeiterinnen von Spielhallen (Spielhallen-Servicekräfte). Somit wird eine Basis für weitergehende Forschung auf diesem Gebiet geschaffen. Weiterhin wird im Rahmen dieser Arbeit erstmals auch in Deutschland das Glücksspielverhalten von Mitarbeitern/Mitarbeiterinnen aus der Glücksspielbranche näher betrachtet.

Angesichts der vorliegenden Studien und Informationen ist davon auszugehen, dass auch in Deutschland Zusammenhänge zwischen einer Tätigkeit in der Glücksspielbranche und problematischem beziehungsweise pathologischem Glücksspielverhalten bestehen.

Methodik

Für die Untersuchung des Glücksspielverhaltens von Spielhallen-Servicekräften wurde das Forschungsproblem in zwei Schritten untersucht. Im ersten Schritt wurden offene, leitfadenorientierte Interviews mit drei Spielhallen-Servicekräften geführt, welche mindestens ein problematisches Glücksspielverhalten aufweisen oder zeitweise aufgewiesen haben. Durch die Ergebnisse aus den Interviews konnten bestehende Hypothesen konkretisiert und neue Annahmen generiert werden. Die Ergebnisse bildeten somit eine Grundlage für den zweiten Schritt des empirischen Teils, in dem eine Befragung von 300 Spielhallen-Servicekräften durchgeführt wurde. Diese erfolgte schriftlich mithilfe von Fragebögen.

Ergebnisse

Es stellte sich heraus, dass 29,3 Prozent der Befragten in den letzten zwölf Monaten an Geldspielautomaten gespielt hatten. Andere Glücksspielformen wurden vergleichsweise selten von Spielhallen-Servicekräften wahrgenommen. Insgesamt 9,3 Prozent der befragten Spielhallen-Servicekräfte gelten als mögliche problematische beziehungsweise pathologische GlücksspielerInnen. Der Anteil der Männer (16,7 %) liegt dabei deutlich über dem der Frauen (7,5 %). Aufgrund der erhobenen Daten ist davon auszugehen, dass die Befragten erst nach Aufnahme der beruflichen Tätigkeit vermehrt an Glücksspielen teilnahmen. Der mit Abstand am häufigsten genannte Spielort für Geldspielautomaten sind Spielhallen anderer Anbieter (86,4 %). Aber auch in Gaststätten (21,6 %) und am eigenen Arbeitsplatz (14,8 %) werden Geldspielautomaten genutzt. Auffällig ist in diesem Zusammenhang, dass acht Prozent der Spielhallen-Servicekräfte angeben, mit Geldern aus der Kasse des Arbeitsplatzes zu spielen. In der Regel werden jedoch Trinkgelder (58 %) und das eigene Geld (88,6 %) an Geldspielautomaten eingesetzt.

Gewinne von KundInnen sind häufig mit Trinkgeldern verbunden. In der Folge ist ein vermehrtes „Mitfiebern" der Spielhallen-Servicekräfte während des Spiels (der KundInnen) zu beobachten. Es stellte sich heraus, dass über die Hälfte der Spielhallen-Servicekräfte Geldgewinne der KundInnen zum Erhalt von Trinkgeldern für relevant oder eher relevant erachtet. Während 77 Prozent des spielenden Personals diese Einstellung teilen, liegt dieser Anteil in der Gruppe der auffälligen GlücksspielerInnen sogar noch höher, nämlich bei 85,7 Prozent. Die Hauptmotive für die Nutzung von Geldspielautomaten sind Geldgewinne, Ablenkung und Entspannung. Diese Motive lassen sich in derselben Reihenfolge sowohl bei den männlichen als auch bei den weiblichen Spielhallen-Servicekräften erkennen.

Im Rahmen von binär-logistischen Regressionen konnte festgestellt werden, dass sowohl die unabhängigen Variablen als auch deren Auswirkungen zu Beginn der Spielerkarriere andere als jene bei der Feststellung des Problemspielerstatus sind. So sind die wesentlichen Faktoren, die eine Spielbeteiligung voraussagen das Geschlecht, das Alter, die Einstellungen zur Relevanz von Geldgewinnen in Bezug auf Trinkgelder, die Risikobereitschaft und kognitive Verzerrungen. In Bezug auf den Problemspielerstatus konnte lediglich die 12-Monats-Teilnahmeprävalenz an Geldspielautomaten als wesentlicher Faktor ermittelt werden.

Spielhallen-Servicekräfte sind für die Umsetzung der gesetzlich vorgeschriebenen Maßnahmen der Suchtprävention (für KundInnen) während des Spielbetriebs zuständig. Auch wenn ein Großteil der Befragten von der Existenz der Maßnahmen weiß, erachtet deutlich weniger als die Hälfte der Befragten (39,6 %) diese Maßnahmen als sinnvoll.

Diskussion

In Deutschland existieren bereits zahlreiche (gesetzlich vorgeschriebene) Maßnahmen der Suchtprävention für KundInnen von Spielhallen. Zur Einhaltung dieser Maßnahmen hat der Gesetzgeber Spielhallenbetreibern/Spielhallenbetreiberinnen auferlegt, Präventionsschulungen für Spielhallen-Servicekräfte durchführen zu lassen. Die bereits bestehenden Präventionsschulen könnten eine gute Grundlage zur Vermeidung von glücksspielbezogenen Problemen unter Angestellten bieten. In Zukunft sollte dementsprechend darüber nachgedacht werden, diese Schulungen zu erweitern, um auch die Betroffenheit von Spielhallen-Servicekräften zu thematisieren.

Zudem ist es fragwürdig, dass die Personen, die in erster Linie für die Umsetzung der Suchtpräventionsmaßnahmen für KundInnen zuständig sind, zum Teil selbst GlücksspielerInnen sind oder Anzeichen von problematischem beziehungsweise pathologischem Glücksspielverhalten aufweisen. Zur Vermeidung von pathologischem Glücksspielverhalten unter Angestellten sind auch die Einstellungskriterien für Spielhallen-Servicekräfte zu überdenken. So könnten beispielsweise Fragen zu deren Glücksspielerfahrungen gestellt werden. Ein weiterer Schwerpunkt könnten unternehmensinterne Präventionsmaßnahmen sein. Im Rahmen der quantitativen Befragung stellte sich heraus, dass lediglich 27,3 Prozent der Befragten von der Verfügbarkeit unternehmensinterner Präventionsmaßnahmen (für Angestellte) berichten. Diesen Pfeiler der Präventionsarbeit gilt es auszubauen.

Die Ergebnisse der vorliegenden Arbeit zeigen, dass weitere Forschung auf diesem Gebiet nötig ist. In Zukunft sollten Längsschnittstudien zur genaueren Untersuchung des Glücksspielverhaltens dieser Zielgruppe durchgeführt werden. Auch Repräsentativbefragungen sind in diesem Zusammenhang von enormer Relevanz. Ein Schwerpunkt kann dabei auf Strategien zur Vermeidung von glücksspielbezogenen Problemen unter Angestellten liegen. Aber auch die Gründe für die verstärkte Teilnahme an Glücksspielen sollten in diesem Zusammenhang genauer erforscht werden.

Neben der weiterführenden Betrachtung von Spielhallen-Servicekräften sollten auch Angestellte aus anderen Bereichen der Glücksspielbranche untersucht werden. In diesem Zusammenhang ist das Glücksspielverhalten des Funktionspersonals (TechnikerInnen, KassiererInnen, RegionalleiterInnen etc.) von besonderem Interesse. Aber auch MitarbeiterInnen anderer Glücksspielformen (z. B. von Spielbanken, Sportwettbüros, Lottoannahmestellen) sollten in kommende Untersuchungen einbezogen werden. Grundsätzlich legt die Studie ein Spannungsverhältnis offen, da auf der einen Seite von der Automatenbranche politisch mit hochqualifiziertem und geschultem Personal geworben wird, auf der anderen Seite jedoch ein signifikanter Anteil dieses Personals selbst von Glücksspielproblematiken betroffen ist.

1 Einleitung

„Der Mensch ist darauf programmiert, auch spielen zu wollen, wenn er den ganzen Tag in einer Spielhalle sitzt. Man hat keine Wahl. Zuerst spielte ich nur mit Trinkgeldern, dann nahm ich mein Gehalt und später die Kasseninhalte. Danach verlor ich alles." (Zitat einer ehemaligen Spielhallen-Servicekraft)

Durch ihre berufliche Tätigkeit sind Spielhallen-Servicekräfte täglich mit dem Glücksspiel konfrontiert. Während der Arbeitszeit wechseln sie Geld, interagieren mit Glücksspielern/Glücksspielerinnen und beobachten beziehungsweise erleben Gefühlszustände, die von herber Enttäuschung bis hin zu überschwänglicher Euphorie reichen, gemeinsam mit den KundInnen. Normalerweise wäre davon auszugehen, dass die Tätigkeit in einer Spielhalle eher nicht zum Glücksspiel verleitete. Dennoch besteht Grund zur Annahme, dass Spielhallen-Servicekräfte überdurchschnittlich häufig selbst GlücksspielerInnen sind und vermehrt Anzeichen von problematischem und pathologischem Glücksspielverhalten aufweisen.

Pathologische SpielerInnen nehmen am Glücksspiel in erster Linie aufgrund der intensiven psychotropen Wirkung (im Sinne von Stimulation oder eines „Kick-Erlebens") teil. Die Nutzung von Glücksspiel als gelegentliche Freizeitaktivität rückt dabei in den Hintergrund. In der Folge ergeben sich verstärkt negative psychosoziale Konsequenzen (vgl. Sobottka, 2007, S. 3).

Neben den mit übermäßigem Glücksspiel verbundenen Problemen für die Spielhallen-Servicekraft würden sich auch Schwierigkeiten bei der Umsetzung der Suchtpräventionsmaßnahmen für KundInnen ergeben. Denn Spielhallen-Servicekräfte sind während ihrer Arbeitszeit auch für die Umsetzung der Spielerschutzmaßnahmen zuständig.

Da die berufliche Tätigkeit jedoch der Sicherung des Lebensunterhalts dient, können Spielhallen-Servicekräfte den Kontakt mit dem Glücksspiel nicht „einfach" einschränken oder vermeiden. Darüber hinaus scheint auch der Arbeitgeber kein geeigneter Ansprechpartner für diese Problematik zu sein.

Im Rahmen dieser Arbeit werden die Zusammenhänge zwischen der beruflichen Tätigkeit als Spielhallen-Servicekraft und problematischem beziehungsweise pathologischem Glücksspielverhalten untersucht. Bisher gibt es in Deutschland (und Europa) zu dieser Thematik noch keine Studien. Sollten sich die Annahmen bestätigen, gälte es, möglichst zeitnah weitere Forschung zu betreiben und risikominimierende Vorkehrungen zu treffen. Eine Studie zu dieser Thematik ist somit längst überfällig gewesen.

Für einen geschlechterbewussten Sprachgebrauch wird in der vorliegenden Arbeit das Binnen-I verwendet. An Stellen wo dies aus grammatikalischen Gründen nicht möglich ist, wird sowohl die männliche als auch die weibliche Form ausgeschrieben. Die dadurch entstandene Inkonsistenz kann somit nicht vermieden werden.

1.1 Zielsetzung der Arbeit

Die vorliegende Dissertation verfolgt das übergeordnete Ziel, das Glücksspielverhalten von Spielhallen-Servicekräften (in Deutschland) eingehend zu untersuchen. Dabei liegen die Schwerpunkte auf den Bedingungen für regelmäßiges Glücksspiel und der Bestimmung des Anteils der Spielhallen-Servicekräfte mit glücksspielbezogenen Problemen. In diesem Zusammenhang sollen auch die typischen Spielverhaltensmuster herausgestellt werden.

Durch einen Vergleich zwischen spielendem und nicht spielendem Personal sowie zwischen auffälligen und unauffälligen Glücksspielern/Glücksspielerinnen (im Hinblick auf problematisches und pathologisches Glücksspielverhalten) sollen die wesentlichen Merkmale dieser Subgruppen dargestellt werden.

Von besonderem Interesse sind auch die Entstehungsbedingungen von problematischem beziehungsweise pathologischem Glücksspielverhalten bei Mitarbeitern/Mitarbeiterinnen von Spielhallen. Vor allem die Bedeutung der beruflichen Tätigkeit in Bezug auf das Glücksspielverhalten sollen in diesem Zusammenhang näher betrachtet werden. Weiterhin besteht die Annahme, dass Spielhallen-Servicekräfte davon ausgehen, Gewinnmöglichkeiten und -zeitpunkte an Geldspielautoamten mithilfe ihrer Berufserfahrung einschätzen zu können. Dementsprechend sind auch glücksspielbezogene kognitive Verzerrungen bei dieser Berufsgruppe von Relevanz.

Mithilfe der Ergebnisse können mögliche Auslöser für problematisches beziehungsweise pathologisches Glücksspiel und damit verbundene Risiken (für Angestellte aus der Glücksspielbranche) minimiert werden. Dafür soll unter anderem das Vorhandensein von unternehmensinternen Suchtpräventionsmaßnahmen für Spielhallen-Servicekräfte ermittelt werden.

Aufgrund der beschriebenen Thematik ist auch die Einstellung von Spielhallen-Servicekräften in Bezug auf die Suchtprävention für KundInnen von besonderer Bedeutung. (Für die Einhaltung der gesetzlich vorgeschriebenen Suchtprävention in Spielhallen sind in erster Linie die Servicekräfte zuständig.)

1.2 Relevanz der Arbeit

Spielhallen-Servicekräfte begleiten den Prozess des Spielens. Häufig sind Gewinne der GlücksspielerInnen mit Trinkgeldern verbunden, wodurch die Partizipation der Spielhallen-Servicekräfte am Prozess des Spielens weiter intensiviert wird. Bei nur wenigen anderen Glücksspielformen sind Angestellte derart intensiv am Prozess des Spielens beteiligt. Aufgrund der intensiven Partizipation am Prozess des Spielens und der täglichen Konfrontation mit der Glücksspielatmosphäre kann bei Spielhallen-Servicekräften von einer erhöhten Suchtgefahr ausgegangen werden.

Bisher gibt es zwölf relevante außereuropäische Studien, in denen Zusammenhänge zwischen einer Anstellung in der Glücksspielbranche und glücksspielbezogenen Problemen untersucht werden (Shaffer, Vander Bilt & Hall, 1999, Shaffer & Hall, 2002, Hing & Breen, 2005, Hing & Breen, 2006, Hing & Breen, 2007, Hing & Breen, 2008a, Hing & Breen, 2008b, Hing & Breen, 2008c, Wu & Wong, 2008, Lee, Rhee, Shaffer & LaBrie, 2008, Hing & Gainsbury, 2011, Guttentag, Harrigan & Smith, 2012). In allen Studien können erhöhte Teilnahmeprävalenzen bei Glücksspielen und das vermehrte Auftreten von problematischem beziehungsweise pathologischem Glücksspielverhalten bei Angestellten aus der Glücksspielbranche festgestellt werden. In der bisher aktuellsten Studie gelten 14,3 Prozent der Befragten als „Low-risk gambler", 8,9 Prozent als „Moderate-risk gambler" und 3,2 Prozent als „Problem gambler" (vgl. Guttentag et al., 2012, S. 10).

Angesichts der vorliegenden Studien und Informationen ist davon auszugehen, dass auch in Deutschland Zusammenhänge zwischen einer Tätigkeit in der Glücksspielbranche und problematischem beziehungsweise pathologischem Glücksspielverhalten bestehen. Außerdem lag bei keiner der bestehenden Studien der Schwerpunkt speziell auf Mitarbeitern/Mitarbeiterinnen von Spielhallen beziehungsweise Angestellten von reinen Automatencasinos. Im Rahmen dieser Arbeit soll diese Forschungslücke geschlossen werden, wodurch eine Basis für weitergehende Untersuchungen in diesem Bereich geschaffen wird.

Die Untersuchung liefert erste Einblicke in das Glücksspielverhalten von Spielhallen-Servicekräften. Darüber hinaus werden die Auswirkungen der beruflichen Tätigkeit auf das Glücksspielverhalten betrachtet. Mithilfe der Ergebnisse können dementsprechend erste Ansätze für die Minimierung von Risikofaktoren (für Spielhallen-Servicekräfte) entwickelt werden.

Obwohl Spielhallen-Servicekräfte inzwischen zur Teilnahme an Suchtpräventionsschulungen verpflichtet sind, ist festzustellen, dass die Schwerpunkte der Schulungen eindeutig auf den Spielerschutz der KundInnen zugeschnitten sind.

Spezielle Trainings zur Verhinderung von glücksspielbezogenen Problemen bei Angestellten aus der Glücksspielbranche existieren bisher nicht. Durch den drohenden beruflichen Konflikt bei glücksspielbezogenen Problemen von Spielhallen-Servicekräften sind die Möglichkeiten und Auswege zusätzlich beschränkt.

Mittels dieser Erkenntnisse wird ein wichtiger Beitrag zur Erklärung des „Paradoxons der spielenden Spielhallen-Servicekräfte" geleistet und die Aufmerksamkeit verstärkt auf eine (wahrscheinlich schon länger) bestehende Problematik in dieser Berufsgruppe gelenkt.

1.3 Aufbau der Arbeit

> *„Wenn du verlierst, bist du traurig, weil du nicht gewonnen hast. Und wenn du gewinnst, bist du traurig, weil du nicht mehr gewonnen hast. Als Spieler bist du immer traurig. Frag die Aufsicht. Sie spielt 2€-fach. Sie weiß auch, wie es ist."* (Zitat eines Glücksspielers an Geldspielautomaten)

Die vorliegende Arbeit ist in fünf aufeinander aufbauende Kapitel unterteilt. Das erste Kapitel enthält die Einleitung mit der Zielsetzung, der Relevanz und dem Aufbau der Arbeit.

Im zweiten Kapitel werden die theoretischen Grundlagen beschrieben, um Kenntnisse der relevanten Begriffe und Thematiken zu vermitteln. In diesem Rahmen erfahren die LeserInnen, was unter Glücksspiel und Spielhallen zu verstehen ist. Im Fokus steht hier vor allem die Tätigkeit der Spielhallen-Servicekraft. Außerdem wird problematisches und pathologisches Glücksspielverhalten definiert. Dabei werden unter anderem die Risikogruppen, die Entstehungsbedingungen und die Folgen von glücksspielbezogenen Problemen ausführlich erklärt. Danach wird auf das KundInnen-Angestellten-Verhältnis eingegangen. Durch den regelmäßigen Kontakt zwischen (Stamm-)KundInnen und Spielhallen-Servicekräften entstehen zum Teil freundschaftsartige Beziehungen, welche hier ihre Berücksichtigung finden. Am Ende des Kapitels wird der Forschungsstand zu der behandelten Thematik ausführlich beschrieben. In diesem Zusammenhang wird die bestehende Forschungslücke angesprochen und genauer betrachtet.

Im dritten Kapitel wird die zugrunde liegende Methodik für die Untersuchung von problematischem und pathologischem Glücksspielverhalten bei Spielhallen-Servicekräften ausführlich beschrieben und erklärt. Dabei wird anfangs die an die Thematik angepasste Untersuchungsplanung behandelt. Im weiteren Verlauf werden (im ersten Schritt) qualitative Interviews erklärt und durchgeführt, um im zweiten Schritt mithilfe der Ergebnisse einen Fragebogen für eine quantitative Erhebung zu entwickeln.

Das vierte Kapitel enthält die Ergebnisse der Studie. Im Rahmen der quantitativen Untersuchung werden Spielhallen-Servicekräfte bezüglich ihres Glücksspielverhaltens und ihrer Einstellungen (zum Thema Glücksspiel) befragt. In diesem Kapitel werden auch die beschreibende Statistik sowie eine Korrespondenzanalyse angewendet, Vergleiche zwischen relevanten Subgruppen und ein Vergleich mit externen Referenzen gezogen.

Die Diskussion der Ergebnisse erfolgt im letzten Kapitel. Dabei werden aktuelle Entwicklungen berücksichtigt sowie Limitationen und mögliche Zukunftsaussichten beschrieben. Zudem finden sich hier die Zusammenfassung und eine Einordnung in bestehende Literatur.

2 Theorie

Dieses Kapitel geht auf die theoretischen Grundlagen des Forschungsvorhabens ein. Dabei werden unter anderem die Zusammenhänge zwischen den einzelnen Themenbereichen verdeutlicht.

2.1 Glücksspiel

Eine einleitende Definition für Glücksspiel liefern Whelan, Steenbergh und Meyers (2007): „*Gambling can be defined as any behavior involving the risk of money or valuable possessions on the outcome of a game, contest, or other event in which the outcome is at least partially determined by chance.*" (S. 1)

Beim Glücksspiel wird auf das Eintreffen eines zufallsbedingten Ereignisses Geld eingesetzt. Die Höhe des jeweiligen Einsatzes wird durch die GlücksspielerInnen bestimmt, wobei der Spielveranstalter einen Rahmen mit einem minimalen und einem maximalen Einsatz vorgibt. Der Spielveranstalter muss sich bei den Einsatzvorgaben nach den geltenden Gesetzen richten. Der Ausgang des Ereignisses kann weder vorausgesagt noch beeinflusst werden. Durch das Eintreffen eines bestimmten Ereignisses können die GlücksspielerInnen ihren Einsatz entweder vervielfachen oder verlieren.

Bereits an dieser Stelle sollte klar zwischen Spiel und Glücksspiel differenziert werden. Bei klassischen (Kompetenz-)Spielen (Mannschaftsspiele, Dart, Schach etc.) wird in der Regel nicht um Geld gespielt. Beim Glücksspiel hingegen ist dessen Einsatz zwingend erforderlich. Die Komponente des Geldeinsatzes ist somit das wesentliche Unterscheidungsmerkmal. Aber auch Kompetenzspiele werden zum Glücksspiel, sobald um Geld gespielt wird. Die Einordnung als Kompetenz- oder Glücksspiel entscheidet darüber, ob es gewerblich betrieben werden darf (vgl. Füchtenschnieder-Petry & Petry, 2010, S. 7).

2.1.1 Historische Entwicklung des Glücksspiels

Die ersten Überlieferungen von Glücksspielen stammen aus der ägyptischen Kultur circa 3000 v. Chr. Das wohl älteste Glücksspiel ist das Würfelspiel. Bereits in der indischen Hochkultur wird von Glücksspielern/Glücksspielerinnen berichtet, die ihr gesamtes Hab und Gut beim Würfelspiel verloren haben. Aber auch die Griechen der Antike, die Völker des Orients, die Germanen und die Römer widmeten sich dem Glücksspiel. Bei den Römern gehörte das Glücksspiel zum Zeitvertreib. Durch die immensen Glücksspielverluste von großen

Teilen der Bevölkerung Roms kam es jedoch zu Protesten und Widerständen. Es folgten die ersten Glücksspielverbote (482–527 n. Chr.). In den folgenden Jahrhunderten gab es wechselnde Beurteilungen des Glücksspiels. Diese reichten von einem kompletten Verbot über Reglementierungen bis hin zur staatlichen Förderung (vgl. Meyer & Bachmann, 2017, S. 10).

Im 14. Jahrhundert verbreitete sich in Europa das Kartenspiel. Während anfangs hauptsächlich der Adel spielte, begann im 16. und 17. Jahrhundert auch das Volk exzessiv zu spielen. Im Spätfeudalismus folgten zahlreiche Glücksspielverbote und Einschränkungen, welche jedoch nur begrenzt Wirkung zeigten. Im Jahr 1561 fand die erste Auseinandersetzung mit Glücksspiel als Form einer psychischen Erkrankung statt. Der Arzt und Philosoph Pâquier Joostens schilderte Symptome, Ursachen und Heilverfahren von pathologischem Glücksspielverhalten (vgl. Meyer & Bachmann, 2017, S. 10 f.).

Im 17. Jahrhundert entstanden Lotterien und das Roulette fand Einzug in die Spielcasinos. Das Glücksspiel wurde in der Folge immer populärer und vermehrt wurde von möglichen Glücksspielsuchterkrankungen berichtet. Im Jahr 1837 wurde in Frankreich das Glücksspiel offiziell verboten. Es wurde befürchtet, die gesellschaftlichen Auswirkungen von glücksspielbezogenen Problemen auf andere Weise nicht mehr unter Kontrolle zu bekommen. 1868 folgte das Spielbankverbot durch den Norddeutschen Bund. Erst 1933 hoben die Nationalsozialisten das Verbot wieder auf. Die erneute Legalisierung von Spielbanken ging mit starken Reglementierungen einher. Diese dienten zum einen der Vermeidung von pathologischem Spielverhalten und zum anderen der Generierung von Gewinnen durch ausländisches Publikum (vgl. Meyer & Bachmann, 2017, S. 11 f.).

Mit dem Aufkommen der ersten Geldspielautomaten im 19. Jahrhundert verschob sich das Interesse der GlücksspielerInnen mehr und mehr zugunsten dieser Glücksspielform. Schon gegen Ende des 19. Jahrhunderts entstanden die ersten Automaten mit Geldeinsatz (in den USA). Sie konnten in sogenannten Automatenspielhäusern von KundInnen genutzt werden. Im Laufe des 20. Jahrhunderts verbreiteten sich diese auch auf dem europäischen und deutschen Markt (vgl. Meyer & Bachmann, 2017, S. 12 & Reichertz, Niederbacher, Möll, Gothe & Hitzler, 2010, S. 33).

In Deutschland wurden Geldspielautomaten anfangs hauptsächlich in Gaststätten, auf Jahrmärkten und öffentlichen Plätzen betrieben. Der Übergang von mechanischen zu elektronischen Geldspielautomaten verlief dabei fließend. Erst in den 1970er-Jahren kamen die ersten Spielhallen in Deutschland auf. Die erste Spielhalle nach heutiger Vorstellung wurde 1974 in Delmenhorst (Niedersachsen) eröffnet (vgl. Reichertz et al., 2010, S. 34). In der Folge verbreiteten sich Spielhallen rasant: Sie finden sich inzwischen an Flughäfen, Bahnhöfen,

Autobahnrastplätzen und in nahezu jeder Klein- beziehungsweise Großstadt (vgl. Reichertz et al., 2010, S. 33 f.).

Im Laufe der Zeit wurden Geldspielautomaten mit Rotationskörpern und einem Spiel von Geldspielautomaten mit Bildschirmen und einer größeren Spielauswahl (Multigamern, kurz: Multis) abgelöst. Bereits im Jahr 2008 betrug das Verhältnis von Multigamern zu Geldspielautomaten mit einem Spiel 70 zu 30 Prozent. Inzwischen werden in Spielhallen nahezu ausschließlich Multigamer angeboten (vgl. Reichertz et al., 2010, S. 92 f.).

Mit dem Aufkommen der Digitalisierung im 21. Jahrhundert entwickelte sich eine neue Form des Glücksspiels – das Onlineglücksspiel. Der Glücksspielstaatsvertrag (GlüStV) sieht jedoch ein Angebotsverbot von internetbasierten Glücksspielen vor (vgl. Meyer & Bachmann, 2017, S. 14 f.).

Inzwischen haben nahezu alle Länder der Welt Gesetze und Reglementierungen für das Glücksspiel getroffen, um sozialschädliche Folgen weitestgehend zu vermeiden (vgl. Meyer & Bachmann, 2017, S. 12). In Deutschland verfügt der Staat über ein Monopol auf bestimmte Glücksspielbereiche. Durch Konzessionierung kann die Ausübung des Monopols an private Anbieter delegiert werden. In diesem Zusammenhang werden beispielsweise Spielbanken von privaten Unternehmen für den Staat betrieben. Bestimmte Marktsegmente sind jedoch für private Unternehmen zugänglich. In diesen Bereich fallen Pferdewetten, Spielhallen und das Aufstellen von Automaten mit Geldgewinnmöglichkeit. Gesetzlich wird dieser Bereich in der Gewerbeordnung §§ 33 cff GewO geregelt. In allen anderen Bereichen können Konzessionen nur von Unternehmen in mittelbarem oder unmittelbarem Besitz der öffentlichen Hand erworben werden (vgl. Albers, 2008, S. 58 f.).

Die Bundeszentrale für gesundheitliche Aufklärung führte im Jahr 2017 eine Umfrage unter 11.503 Personen bezüglich der Lebenszeitprävalenz von einzelnen Glücksspielen und Glücksspielformen durch. Die Ergebnisse der Studie sind in Abbildung 1 dargestellt. Alle Angaben werden in Prozent angegeben.

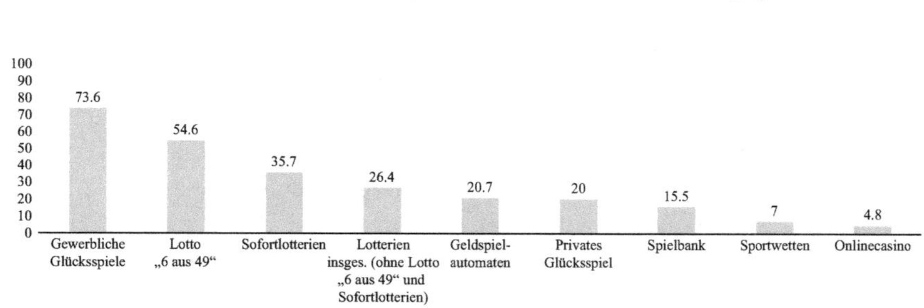

Abbildung 1: Lebenszeitprävalenz von einzelnen Glücksspielen und Glücksspielformen (vgl. Banz & Lang, 2017, S. 70 f.)

Aus der Erhebung geht hervor, dass sich für gewerbliche Glücksspiele eine Lebenszeitprävalenz von 73,6 Prozent ergibt. Für privates Glücksspiel ergibt sich im Vergleich eine Lebenszeitprävalenz von 20 Prozent.

Die am häufigsten genutzte Glücksspielform in Deutschland ist Lotto. Dabei werden „6 aus 49“ (54,6 %) und Sofortlotterien (35,7 %) am häufigsten genannt. 20,7 Prozent der Befragten haben bereits an Geldspielautomaten gespielt. Damit sind Geldspielautomaten nach Lotterien die am zweithäufigsten verwendete Glücksspielform. Während 15,5 Prozent der Befragten schon einmal eine Spielbank besucht haben, wurden Sportwetten von sieben Prozent und Onlinecasinos von 4,8 Prozent der Befragten genutzt. Die Befragungsergebnisse lassen darauf schließen, dass ein Großteil der Befragten bereits an mehreren Glücksspielformen teilgenommen hat.

2.2 Spielhallen

Eine Spielhalle ist ein Ort, an dem KundInnen verschiedene Geldspielautomaten bespielen können. Spielhallen erwirtschaften ihren Umsatz hauptsächlich mit Geldspielautomaten, wobei auch andere Unterhaltungs- (z. B. Touchscreens) und Sportgeräte (Billard, Dart etc.) angeboten werden können.

Das Erscheinungsbild von Spielhallen kann dabei stark variieren und reicht von dunklen „Spielhöllen“ bis hin zu edlen Räumlichkeiten mit „Casino-Flair“. Es gibt dementsprechend keine typischen beziehungsweise untypischen Gestaltungen oder Architekturen (vgl. Reichertz et al., 2010, S. 63 ff.). Die Spielhallengestaltung ist unter anderem von der jeweiligen Betriebsgröße und den damit in Beziehung stehenden finanziellen Mitteln abhängig. Der Markt wird zwar durch große Spielhallenketten geprägt, es sind jedoch auch diverse kleinere (familiengeführte) Unternehmen vorhanden (vgl. Reichertz, Möll, Niederbacher & Hitzler, 2011, S. 34 f.).

Die Reglementierungen für das Betreiben einer Spielhalle sind fest vorgegeben und in der Gewerbeordnung (GewO), der Spielverordnung (SpielV) sowie im Glücksspieländerungsstaatsvertrag (GlüÄndStV) festgeschrieben. Das Betreiben einer Spielhalle ist erlaubnispflichtig, wobei die Erlaubnis sowohl befristet als auch unter Auflagen erteilt werden kann (§ 33i Abs. 1 GewO).

Zu den zentralen Elementen einer Spielhalle gehören die sanitären Anlagen, die Theke und der Geldspielautomatenbereich. An der Theke wird hauptsächlich Geld gewechselt. Bedingt dadurch, dass die Theke der Hauptaufenthaltsort für Angestellte ist, findet hier ein Großteil der alltäglichen Kommunikation zwischen KundInnen und Spielhallen-Servicekräften statt (vgl. Reichertz et al., 2010, S. 81).

Im Geldspielautomatenbereich befinden sich die verschiedenen Geld- und Unterhaltungsautomaten. Die Anzahl der Geldspielautomaten in einer Spielhalle ist in der Spielverordnung gesetzlich geregelt. Auf je zwölf Quadratmetern Grundfläche darf ein Geldspielautomat betrieben werden, wobei die Gesamtanzahl von zwölf Geldspielautomaten in einer Spielhalle nicht überschritten werden darf (§ 3 Abs. 2 S. 1 SpielV).

In diesem Zusammenhang sollte auch der Faktor Geld genauer betrachtet werden. In Spielhallen dient Geld lediglich als Spieleinsatz. Mit Geld können ansonsten wenig bis gar keine Waren beziehungsweise Dienstleistungen erworben werden. Eine stark verbreitete „Gratiskultur“ (kostenlose Ausgabe von kleinen Speisen und Getränken) führt zu einer weiteren Reduzierung von Geld auf ein Spielmittel (vgl. Reichertz et al., 2010, S. 81). Die wirtschaftliche Funktion von Geld als Tausch- beziehungsweise Wertaufbewahrungsmittel (vgl. Schulz-Hardt, Vogelgesang, Mojzisch & Ehrling, 2015, S. 183) rückt dadurch in den Hintergrund. Inzwischen wird die kostenlose Ausgabe von Getränken und Speisen jedoch (abhängig vom jeweiligen Bundesland) eingeschränkt beziehungsweise zum Teil verboten, so zum Beispiel in Hamburg und Berlin (§ 7 Abs. 1 Nr. 9 HmbSpielhG & § 7 Abs. 1 Nr. 9 SpielhG Bln).

Der Geldwechsel, die Bedienung der KundInnen sowie die Aufsicht über den Spielbetrieb wird von Spielhallen-Servicekräften sichergestellt (s. Abschn. *2.2.2 Spielhallen-Servicekraft*). In Bezug auf den Geldwechsel kann festgestellt werden, dass sowohl StammkundInnen als auch Spielhallen-Servicekräfte (bedingt durch die berufliche Tätigkeit) dauerhaft einen eher untypischen Umgang mit Geld pflegen.

Am 1. Januar 2018 gab es in Deutschland 8.862 Spielhallenstandorte und 13.691 Spielhallenkonzessionen (vgl. Trümper & Heimann, 2018, S. 39). Die Zahl der Spielhallenkonzessionen übersteigt die Anzahl der Spielhallenstandorte, da für einen Standort mehrere Spielhallenkonzessionen ausgestellt werden dürfen. In der Praxis können SpielhallenbetreiberInnen somit an einem Standort beziehungsweise in einem Gebäude mehrere voneinander unabhängige Spielhallen nebeneinander betreiben. Mit dem Inkrafttreten des Glücksspieländerungsstaatsvertrags wird diese Praxis jedoch (teilweise mit einer Übergangsfrist) aufgehoben.

Im Jahr 2017 wurde ein Bruttospielertrag (BSE) von 5,85 Milliarden Euro mit Geldspielautomaten erzielt. Die daraus resultierenden Steuern (Umsatz- und Vergnügungssteuer) beliefen sich auf 1,468 Milliarden Euro. Der Bruttospielertrag von Geldspielautomaten entspricht einem Anteil von 53 Prozent am gesamten regulierten Glücksspielmarkt in Deutschland. Geldspielautomaten kommen somit auf den größten Anteil am regulierten Markt (vgl. Glücksspielaufsichtsbehörden der Länder, 2018, S. 6 f.).

In Deutschland sind circa 5.000 Unternehmen in der Automatenwirtschaft tätig. Davon entfallen sieben Unternehmen auf die Wirtschaftsstufe Industrie und 20 Unternehmen auf den Großhandel. Die restlichen Marktteilnehmer sind in dem Segment Automatenaufstellung tätig. In der Regel handelt es sich hierbei um kleine und mittelständische Unternehmen (vgl. Verband der Deutschen Automatenindustrie e. V., 2017 & Glücksspielaufsichtsbehörden der Länder, 2018, S. 6).

Die in der Automatenwirtschaft tätigen Unternehmen vertreiben Geldspielautomaten in 9.000 bis 10.000 Spielhallen und in 40.000 bis 50.000 Gaststätten. Die Anzahl der Geldspielautomaten beläuft sich auf rund 255.000, von denen circa 173.000 in Spielhallen und circa 82.000 in Gaststätten aufgestellt sind (vgl. Glücksspielaufsichtsbehörden der Länder, 2018, S. 6).

2.2.1 Geldspielautomat

Geldspielautomaten sind elektronische Geräte mit einem Münzeinwurf und (teilweise) einem Geldscheinakzeptor. Sie verfügen in der Regel über TFT-Bildschirme und werden mittels Tasten oder Touchscreen bedient. Der Gewinn beziehungsweise Verlust wird per Zufall durch die Software des Geräts bestimmt. Die Gewinne werden direkt am Geldspielautomaten in Münzen oder Geldscheinen ausgezahlt.

Geldspielautomaten sind in verschiedenen Gehäusen (z. B. als Stand-, Wand- oder Slant-Top-Gerät) mit unterschiedlichen Spielepaketen verfügbar. Je nach Gehäuse werden den Glücksspielern/Glücksspielerinnen diverse Kontakt- und Auflageflächen geboten (vgl. Reichertz et al., 2010, S. 101). Gängige Hersteller in Deutschland sind die Gauselmann-Gruppe, die Löwen Entertainment GmbH, die Novomatic AG und Bally Wulff.

An Geldspielautomaten haben GlücksspielerInnen (in der Regel) die Möglichkeit, zwischen mehreren Spielen auszuwählen. Je nach Spiel sind unterschiedlich viele digitale Walzen mit verschiedenen Gewinnlinien vorhanden. Zudem werden bestimmte Zusatzfunktionen (Freispiele, Gewinnmultiplikatoren etc.) angeboten. Durch den technologischen Fortschritt werden inzwischen auch Spiele mit anderen Grundlagen ohne Walzen (z. B. Roulette und Risikoleiter) dargestellt. Die Gewinnausschüttung ist zufällig.

Aus einer Studie der BZgA geht hervor, dass im Jahr 2017 2,6 Prozent der Befragten (in den zurückliegenden zwölf Monaten) GlücksspielerInnen an Geldspielautomaten waren (vgl. Banz & Lang, 2017, S. 119 f.). Die möglichen

Spielorte von Geldspielautomaten sowie die Häufigkeit der Nutzung des jeweiligen Spielortes werden in der folgenden Abbildung dargestellt:

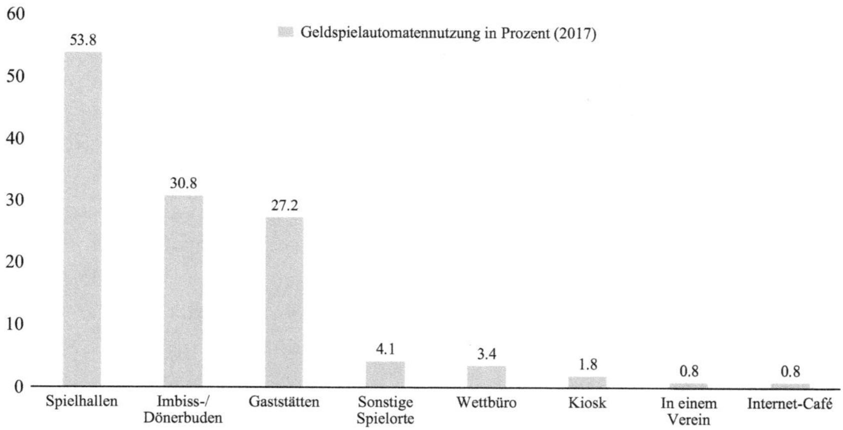

Abbildung 2: Spielorte von Geldspielautomaten in den zurückliegenden zwölf Monaten (vgl. Banz & Lang, 2017, S. 122)

Spielorte von Geldspielautomaten sind hauptsächlich Spielhallen (53,8 %). Darauf folgen Imbissbuden und Gaststätten mit 30,8 und 27,2 Prozent. Ansonsten werden Geldspielautomaten in Wettbüros, Kiosken, Vereinen, Internet-Cafés und sonstigen Spielorten genutzt. Die Nutzungshäufigkeit außerhalb von Spielhallen, Gaststätten und Imbissbuden beträgt zusammen 10,9 Prozent. Damit liegt sie noch weit unter der Nutzungshäufigkeit des am drittmeisten genutzten Spielortes.

Bis zum Jahr 2007 waren Gaststätten der Hauptspielort von Geldspielautomaten. In den folgenden Jahren (2007–2009) wurden diese von den Spielhallen abgelöst. Inzwischen ist ein signifikanter Unterschied zwischen Spielhallen und Gaststätten zu erkennen (vgl. Banz & Lang, 2017, S. 122).

Geldspielautomaten sind in der Gewerbeordnung (GewO) und den erlassenen Rechtsverordnungen gesetzlich geregelt (vgl. Meyer & Bachmann, 2017, S. 20). Der Spielablauf an Geldspielautomaten sowie die damit verbundenen Reglementierungen sind in der Verordnung über Spielgeräte und andere Spiele mit Gewinnmöglichkeit (Spielverordnung – SpielV) festgeschrieben.

Geldspielautomaten dürfen zum einen in Räumen der Schank- oder Speisewirtschaft und zum anderen in Spielhallen und in Wettannahmestellen betrieben werden (§ 1 Abs. 1 Nr. 1–3 SpielV).

Die Mindestspieldauer für ein Spiel beträgt fünf Sekunden, wobei der maximale Geldeinsatz von 0,20 Euro nicht überschritten werden darf (§ 13 Abs. 1 Nr. 2 SpielV). Nach einer Einsatzpause von mindestens fünf Sekunden kann der Geldeinsatz um 0,03 Euro je Sekunde erhöht werden. Eine Obergrenze besteht bei 75 Sekunden (§ 13 Abs. 1 Nr. 3 SpielV).

Während des Spielablaufs werden Videosequenzen eingespielt und Surround-Sound-Systeme für akustische Spielelemente verwendet. Diese Effekte sollen den Unterhaltungswert von Geldspielautomaten steigern (vgl. Reichertz et al., 2010, S. 99).

Die mögliche (Gewinn-)Auszahlung in fünf Sekunden ist auf zwei Euro begrenzt (§ 13 Abs. 1 Nr. 2 SpielV). Nach einer Auszahlungspause von mindestens fünf Sekunden darf die Auszahlung um 0,30 Euro je Sekunde erhöht werden. Auch hier besteht eine Obergrenze bei 75 Sekunden. Anderweitige Erhöhungen des Geldeinsatzes oder der Auszahlung sind ausgeschlossen (§ 13 Abs. 1 Nr. 3 SpielV).

Weiterhin darf der maximale Verlust in 60 Minuten 60 Euro nicht übersteigen (§ 13 Abs. 1 Nr. 4 SpielV). Der maximale Gewinn (abzüglich Verluste) ist auf 400 Euro begrenzt. (§ 13 Abs. 1 Nr. 5 SpielV).

Über einen längeren Betrachtungszeitraum verbleiben durchschnittlich nicht mehr als 20 Euro pro Stunde in dem Geldspielautomaten (§ 12 Abs. 2 Nr. 1 SpielV). Trümper und Heimann (2018, S. 36) stellen in diesem Zusammenhang fest, dass der durchschnittliche Kasseninhalt eines Geldspielautomaten in Spielhallen 2.682,26 Euro pro Monat (im Jahr 2018) beträgt. Im Rahmen der Untersuchung wurden 137.423 Geldspielautomaten berücksichtigt.

Um die Einhaltung der Verordnung zu gewährleisten, wird der von den Glücksspielern/Glücksspielerinnen eingezahlte Betrag zunächst auf einen Geldspeicher aufgebucht. Im Fünfsekundentakt werden 0,20 Euro von dem Geldspeicher auf den Punktespeicher (0,01 Euro = 1 Punkt) transferiert. Der Geldeinsatz für die jeweiligen Spiele erfolgt somit nur von dem Punktespeicher und nicht von dem Geldspeicher. Bei einer (Gewinn-)Auszahlung werden zwei Euro im Fünfsekundentakt von dem Punktespeicher auf den Geldspeicher zurücktransferiert. Somit wird nicht das Rotieren der Walzen, sondern der Transferprozess als Spiel interpretiert. Durch die Umgehung der Verordnung sind auch höhere Geldeinsätze und -gewinne möglich. In der Regel können zwischen 0,05 (5 Punkte) und 2 Euro (200 Punkte) je Spiel (beispielsweise für die Rotation der digitalen Walzen) eingesetzt werden.

Inzwischen ist das Punktespiel verboten (§ 13 Abs. 1 Nr. 1 SpielV). Der Spieleinsatz darf somit nur noch in Euro und Cent erfolgen. Durch eine Umgehung der Vorgaben der Spielverordnung (durch die Anbieter von Geldspielautomaten) existiert das Punktespiel jedoch nach wie vor, in abgewandelter Form. Der eingezahlte Betrag wird nun in Surrogate umgewandelt und auf die „Bank" umgebucht. Dieser Umbuchungsprozess verläuft mit sehr geringen Kursschwankungen. Der Betrag auf dem Bankspeicher kann wiederum für Walzenspiele genutzt werden. Danach wird der Betrag zurück auf den Geldspeicher gebucht. Auch hier wird nicht das Rotieren der Walzen, sondern der Transferprozess als Spiel interpretiert. Auf diese Weise sind selbst hohe Gewinne nach wie vor möglich (vgl. Meyer, 2019, S. 184 ff.).

In der Spielverordnung ist keine Auszahlquote festgelegt. Laut Die Deutsche Automatenwirtschaft e. V. (ohne Jahr) hängt die Auszahlquote zum einen von dem Spielverhalten der GlücksspielerInnen und zum anderen von den jeweiligen Spielen ab. Es wird eine Mindestauszahlquote von deutlich über 60 Prozent angegeben.[1]

Kindern und Jugendlichen ist das Bespielen von Geldspielautomaten sowie die Anwesenheit in Spielhallen untersagt (§ 6 Abs. 1 & 2 JuSchG). Dennoch beträgt der Anteil jugendlicher SpielerInnen im Jahr 2017 (bezogen auf die letzten zwölf Monate) 2,3 Prozent (vgl. Banz & Lang, 2017, S. 119).

Die durchschnittliche Spieldauer (bezogen auf die zurückliegenden zwölf Monate im Jahr 2017) von drei Viertel (76,4 %) der SpielerInnen beträgt circa eine Stunde pro Spieltag. 11,9 Prozent geben an, zwischen ein und zwei Stunden je Spieltag zu spielen. Während nicht mehr als 2,3 Prozent der Befragten zwischen zwei und drei Stunden spielen, geben 9,4 Prozent der BefragungsteilnehmerInnen an, länger als drei Stunden zu spielen. Durchschnittlich werden täglich circa 71 Minuten mit Automatenspiel verbracht (vgl. Banz & Lang, 2017, S. 124).

Geldspielautomaten werden in Spielhallen von Spielhallen-Servicekräften überwacht und zum Teil gewartet.

2.2.2 Spielhallen-Servicekraft

Spielhallen-Servicekräfte sind für die Bedienung der KundInnen in einer Spielhalle zuständig. Des Weiteren müssen sie sicherstellen, dass die GlücksspielerInnen ihrer Ausweispflicht nachkommen, und den Jugendschutz garantieren. Zu den Aufgaben von Spielhallen-Servicekräften gehören außerdem:

1 „Die Deutsche Automatenwirtschaft e. V." ist ein Dachverband der Automatenbranche und vertritt deren politische, ideelle, rechtliche und wirtschaftliche Interessen.

- Geld- und Warenmanagement (in der Spielhalle),
- Einhaltung des Spielerschutzes,
- Spielberatung,
- Annahme von Reklamationen,
- Ausgabe von Getränken und Snacks,
- Geldentnahme und -befüllung bei den Geldspielautomaten,
- Überwachung des Spielbetriebs,
- allgemeiner KundInnenservice,
- sonstige Tätigkeiten.

Die berufstypische Kleidung ist in größeren Spielhallenketten eine Art Uniform mit dem Corporate Design der Betreiberfirma (vgl. Reichertz et al., 2010, S. 202). In kleineren Spielhallenunternehmen wird vonseiten der BetreiberInnen ein angemessener Kleidungsstil erwartet.

Seit 2008 existieren fachspezifische Berufsausbildungen in Deutschland. Die branchenspezifischen IHK-Ausbildungen für Spielhallen-Servicekräfte sind der Automatenfachmann/-frau (Fachrichtung Automatendienstleistung) und die Fachkraft für Automatenservice. Weiterhin besteht die Möglichkeit der Fortbildung zur Fachkraft für Casino-Service (IHK) (vgl. Gauselmann, ohne Jahr, Löwen Gruppe, ohne Jahr, a & Verband der Deutschen Automatenindustrie e. V., 2017). Derzeit werden circa 500 Personen in den beiden automatenspezifischen Berufen ausgebildet (vgl. Die Deutsche Automatenwirtschaft, 2017). Jedoch ist eine Berufsausbildung beziehungsweise eine fachspezifische Weiterbildung für die Ausübung des Berufs nicht erforderlich. Die Verdienstmöglichkeiten von Spielhallen-Servicekräften liegen in der Regel auf Mindestlohnniveau beziehungsweise leicht darüber.

In Deutschland arbeiten ungefähr 71.000 Personen in der Automatenwirtschaft. Davon sind circa 75 Prozent weibliche Angestellte (vgl. Die Deutsche Automatenwirtschaft, 2017). Es ist nicht vollständig bekannt, wie sich die Grundgesamtheit aller Spielhallen-Servicekräfte hinsichtlich soziodemografischer und sonstiger relevanter Merkmale, wie zum Beispiel Bildung, Alter und Berufserfahrung, zusammensetzt.

Für die Wahrnehmung der beruflichen Tätigkeit müssen Spielhallen-Servicekräfte bestimmte gesetzlich vorgeschriebene Schulungsanforderungen erfüllen (§ 6 GlüÄndStV).

2.2.2.1 Schulungsanforderungen

Die gesetzlich vorgeschriebenen Schulungsanforderungen für Spielhallen-Servicekräfte unterscheiden sich in Abhängigkeit vom Bundesland des

Spielhallenstandortes. Die jeweiligen Unterschiede sind durch die inhaltlich verschiedenen Ausführungsgesetze des Glücksspielstaatsvertrags (GlüStV) auf Länderebene zu erklären (§§ 24 Abs. 3, 28 GlüStV). Im Rahmen dieser Arbeit werden die Schulungsanforderungen in Bremen und Niedersachsen genauer betrachtet, da die Erhebung ausschließlich in diesen Bundesländern durchgeführt wird.

Die gesetzlichen Bestimmungen der Schulungsanforderungen für Bremen und Niedersachsen sind dem Paragrafen 4 Abs. 1 S. 2 Nr. 3 Bremisches Spielhallengesetz (BremSpielhG) und dem Paragrafen 6 Glücksspieländerungsstaatsvertrag (GlüÄndStV) zu entnehmen. Sowohl in Bremen als auch in Niedersachsen ist das Personal regelmäßig (nicht genauer definiert) zu schulen. Die Schwerpunkte liegen auf der Früherkennung und den Folgen von problematischem und pathologischem Glücksspielverhalten, der Vermittlung von Handlungswissen, Hilfeangeboten für KundInnen und der Funktion der Spielhallen-Servicekraft in Bezug auf Suchtprävention. In Bremen sollte die Schulungsdauer ungefähr einen Tag betragen. Weiterhin ist die Schulung des Personals zu dokumentieren (vgl. AWI Automaten-Wirtschaftsverbände-Info GmbH, 2017).

Es ist festzustellen, dass sich die Schulungen lediglich auf problematisches und pathologisches Glücksspielverhalten bei KundInnen beziehen und sie nicht explizit auf mögliche Gefährdungen beziehungsweise Maßnahmen bei Spielhallen-Servicekräften eingehen.

Die Schulungen werden von unterschiedlichen Anbietern durchgeführt. Gängige Anbieter sind die adp Gauselmann GmbH, der Caritasverband für das Erzbistum Berlin e. V., die Gesellschaft für Spielerschutz und Prävention mbH und die Merlato GmbH. Deutschlandweit ist eine Vielzahl von Anbietern im Bereich der Schulung für Spielhallen-Servicekräfte tätig. In diesem Zusammenhang ist zu beachten, dass (aufgrund der unterschiedlichen Ausführungsgesetze) nicht alle Schulungsanbieter bundesweit zugelassen sind (vgl. games & business, 2018, S. 10–13).

2.2.2.2 Frühintervention im Belastungsumfeld

Unter Frühintervention im Belastungsumfeld wird die Identifizierung von Problemspielern/Problemspielerinnen und das frühzeitige Eingreifen durch Servicekräfte in Spielhallen verstanden.

Im Rahmen einer Frühintervention ist ein proaktives Handeln der Spielhallen-Servicekräfte von besonderer Bedeutung. Bei der Erkennung von Problemspielern/Problemspielerinnen können vor allem praxisnahe Screeninginstrumente hilfreich sein (vgl. Hayer, Kalke, Buth & Meyer, 2013, S. 17). Hayer et al. (2013)

konzipierten ein Screeninginstrument, welches die Früherkennung von Problemspielern/Problemspielerinnen in Spielhallen ermöglicht. Früherkennungsindikatoren sind unter anderem:

- Spieldauer und Spielfrequenz,
- Reinvestition von Gewinnen,
- emotionale Verflachung in Gewinnsituationen.

Zur Erkennung dieser und weiterer Indikatoren ist ein länger andauernder beziehungsweise regelmäßiger Kontakt (während des Spielablaufs) mit Glücksspielern/Glücksspielerinnen zwingend erforderlich (vgl. Hayer et al., 2013, S. 107 ff.).

Für die Sicherstellung eines Frühinterventionssystems muss weiterhin ausreichend qualifiziertes Personal zur Verfügung stehen. Dazu kommen Maßnahmenpakete durch die MitarbeiterInnen einer Spielhalle, wie beispielsweise die Ansprache von KundInnen bei Verdacht auf eine Spielsuchtgefährdung oder der Ausschluss vom Glücksspiel (vgl. Hayer et al., 2013, S. 117 f.).

Es ist festzustellen, dass eine Frühintervention im Belastungsumfeld derzeit ausschließlich durch Spielhallen-Servicekräfte sichergestellt werden kann. Im Falle einer Spielsuchtgefährdung der Spielhallen-Servicekraft sind dementsprechend weder Frühinterventionen noch andere Beschränkungsmaßnahmen vorhanden. Selbst bei möglichen Interventionsversuchen durch den Arbeitgeber kann eine Begleitung der Servicekraft während des Spielablaufs nicht dargestellt werden, da ein komplettes Spielverbot während der Arbeitszeit gilt. Weiterhin lassen sich mögliche Screeninginstrumente wie das soeben beschriebene nicht vollständig auf Spielhallen-Servicekräfte anwenden. Für eine Frühintervention müssten somit gefährdete Spielhallen-Servicekräfte in anderen Spielhallen als ProblemspielerInnen erkannt werden.

2.3 Problematisches und pathologisches Glücksspielverhalten

Für die Feststellung einer glücksspielbezogenen Störung können unter anderem die diagnostischen Kriterien des DSM-IV verwendet werden, wobei diese inzwischen zu den DSM-5 revidiert wurden (vgl. Döpfner et al., 2015, S. 7 ff.). In der folgenden Abbildung werden die diagnostischen Kriterien für eine glücksspielbezogene Störung nach DSM-5 aufgeführt:

1. Notwendigkeit des Glücksspielens mit immer höheren Einsätzen, um eine gewünschte Erregung zu erreichen.
2. Unruhe und Reizbarkeit bei dem Versuch das Glücksspielen einzuschränken oder aufzugeben.
3. Wiederholte erfolglose Versuche, das Glücksspielen zu kontrollieren, einzuschränken oder aufzugeben.
4. Starke gedankliche Eingenommenheit durch Glücksspielen.
5. Häufiges Glücksspielen in belastenden Gefühlszuständen.
6. Rückkehr zum Glücksspiel am nächsten Tag, um Verluste auszugleichen.
7. Belügen anderer, um das Ausmaß der Verstrickung in das Glücksspiel zu vertuschen.
8. Gefährdung oder Verlust einer wichtigen Beziehung, eines Arbeitsplatzes, von Ausbildungs- oder Aufstiegschancen aufgrund des Glücksspiels.
9. Verlassen auf finanzielle Unterstützung durch andere, um die durch das Glücksspielen verursachte finanzielle Notlage zu überwinden.

Abbildung 3: Diagnostische Kriterien nach DSM-5 (Meyer & Bachmann, 2017, S. 50)

Für die Feststellung eines problematischen Glücksspielverhaltens müssen mindestens vier der in der Abbildung aufgeführten Kriterien erfüllt sein (vgl. Meyer & Bachmann, 2017, S. 50).

Im Jahr 2017 wurden 11.452 Personen aus Deutschland bezüglich ihres Glücksspielverhaltens befragt. Die Befunde ergeben, dass 0,56 Prozent der Befragten als Personen mit problematischem und 0,31 Prozent der Befragten als Personen mit pathologischem Glücksspielverhalten gelten (vgl. Banz & Lang, 2017, S. 128).

Pathologisches Glücksspielverhalten gilt als eine psychische, nicht stoffgebundene Erkrankung (vgl. Petry, 2013, S. 11). Dabei muss zwischen der Impulskontrollstörung und dem „gewohnheitsmäßigen Glücksspielen" unterschieden werden. Bei gewohnheitsmäßigen Glücksspielern/Glücksspielerinnen stehen die Aussicht auf einen finanziellen Vorteil und die Spannung während des Glücksspiels im Vordergrund. Häufig besteht die Möglichkeit, die Gewohnheit so weit einzuschränken, dass es weder zu massiven psychosozialen Konsequenzen noch zu einem endgültigen Kontrollverlust kommt. GlücksspielerInnen mit einer Impulskontrollstörung haben diese Möglichkeit nicht (vgl. Müller-Spahn & Margraf, 2003, S. 13). Dennoch kann auch bei gewohnheitsmäßigen Glücksspielern/Glücksspielerinnen von einem problematischen beziehungsweise risikoreichen Glücksspielverhalten ausgegangen werden. Bei Vorliegen einer glücksspielbezogenen Störung wird häufig folgendes Erscheinungsbild deutlich:

Das Glücksspiel gilt für die Betroffenen als zentraler Lebensinhalt und bestimmt große Teile des alltäglichen Lebens. Dabei treten andere Interessen (wie beispielsweise Beruf und Familie) in den Hintergrund. Die vorgebrachten Begründungen für häufige Abwesenheiten und finanzielle Probleme basieren auf Lügen.

Bei der Erschließung von neuen Geldquellen (für die Befriedigung des Spieldrangs) wird in der Regel ein hohes Maß an Kreativität eingesetzt. Außerdem werden Erfolge und Glücksgefühle nahezu ausschließlich beim Glücksspiel gesucht. Alltagskonflikte und weitere unangenehme Gefühle werden durch das Glücksspiel betäubt. Versuche, das Glücksspiel einzuschränken beziehungsweise aufzugeben, scheitern in der Regel nach wenigen Tagen oder Wochen. (vgl. Meyer & Bachmann, 2017, S. 41 ff.).

Um den gewünschten emotionalen Effekt beim Glücksspiel zu erzielen, wird die Intensität des Spiels fortlaufend erhöht. Es werden beispielsweise mehrere Geldspielautomaten gleichzeitig mit immer höheren Geldeinsätzen bespielt. Ähnlich wie bei anderen Suchterkrankungen wird die „Dosis" regelmäßig gesteigert. Bei einer Abstinenz treten entzugsähnliche Erscheinungen auf. Die GlücksspielerInnen berichten in diesem Zusammenhang von innerer Unruhe und Reizbarkeit. Erst bei Wiederaufnahme des Glücksspiels beziehungsweise bei Geldeinwurf in das Gerät stellt sich ein Gefühl der Entspannung ein (vgl. Meyer & Bachmann, 2017, S. 44 f.). Das Erscheinungsbild einer glücksspielbezogenen Störung spiegelt sich in den diagnostischen Kriterien nach DSM-5 (s. Abb. 3) wider.

Die Phasen einer Spielerkarriere können in das positive Anfangsstadium (Gewinnphase), das kritische Gewöhnungsstadium (Verlustphase) und das Suchtstadium (Verzweiflungsphase) unterteilt werden (vgl. Meyer & Bachmann, 2017, S. 45).

Neben den psychischen sollen auch die körperlichen Auswirkungen von problematischem beziehungsweise pathologischem Glücksspielverhalten betrachtet werden. Durch die Spannung während des Glücksspiels kommt es vermehrt zur Ausschüttung von Neurotransmittern. Diese beeinflussen wiederum das Spielverhalten, wodurch es zu einer Erhöhung der Einsätze und der Spielfrequenz kommen kann (vgl. Bucher, 2011, S. 20).

Während Gewinne in der Regel euphorische Gefühle hervorrufen, können Verluste mit Zittern, Schweißausbrüchen und Herzrasen verbunden sein. Das Glücksspiel wirkt somit sowohl auf die Wahrnehmung als auch auf das zentrale Nervensystem von Glücksspielern/Glücksspielerinnen ein. Die durch das Glücksspiel hervorgerufene psychotrope Wirkung kann dabei zu einer psychischen und körperlichen Abhängigkeit führen. Ähnliche Auswirkungen lassen sich auch bei stoffgebundenen Suchtformen beobachten (vgl. Bucher, 2011, S. 20 f.).

Bei dem Vergleich zwischen stoffgebundenen und stoffungebundenen Suchtformen lässt sich feststellen, dass GlücksspielerInnen den höchsten Verschuldungsgrad aufweisen. Während die Verschuldung bei nur 4,3 Prozent der Alkoholabhängigen beziehungsweise 7,1 Prozent der Kokainabhängigen mehr als 25.000 Euro beträgt, sind es 15 Prozent der pathologischen GlücksspielerInnen, die derart hoch verschuldet sind (vgl. Meyer, 2016, S. 142).

Viele Betroffene von glücksspielbezogenen Problemen leiden zudem an weiteren psychischen Erkrankungen. Aus den Daten der Deutschen Rentenversicherung (DRV) geht hervor, dass 93 Prozent der in Behandlung befindlichen Betroffenen mindestens eine weitere Erkrankung aufweisen (Stand 2010). Häufig vorkommende Diagnosen sind Affektiv- und Persönlichkeitsstörungen sowie Alkohol- und Drogenabhängigkeit (vgl. Buchner, Koytek, Gollrad, Arnold & Wodarz, 2013, S. 19). Zudem weisen pathologische GlücksspielerInnen ein erhöhtes Risiko für suizidale Gedanken und Handlungen auf. Sobald die Betroffenen das Ausmaß der glücksspielbezogenen Probleme realisieren, schwindet bei einem Teil der betroffenen Personen der Lebenswille (vgl. Meyer & Bachmann, 2017, S. 171).

2.3.1 Betroffene und Risikogruppen

Ein Großteil der SpielerInnen mit pathologischem beziehungsweise problematischem Glücksspielverhalten ist männlich (80 %) und zwischen 18 und 29 Jahre alt (vgl. Meyer & Hayer, 2009, S. 91).

Die Nutzung von Geldspielautomaten ist (altersabhängig) bei den männlichen Befragten zum Teil um das Vierfache höher als bei den weiblichen Befragungsteilnehmerinnen. Außerdem nimmt das Glücksspiel an Geldspielautomaten mit zunehmendem Alter ab. Während die Abnahme bei Männern im Alter von 26 Jahren einsetzt, geht die Nutzung bei den Frauen bereits im Alter von 21 Jahren zurück (vgl. Banz & Lang, 2017, S. 119 f.).

Der Bildungsstand der SpielerInnen ist bei der jeweils genutzten Glücksspielform von besonderer Relevanz. So ist es auffällig, dass die Wahrscheinlichkeit für die Nutzung von Geldspielautomaten mit steigender Schulbildung abnimmt (vgl. Meyer & Bachmann, 2017, S. 105). In der Befragung der BZgA nennen 36,3 Prozent der Befragten den Hauptschulabschluss als höchsten Schulabschluss. Insgesamt 27,1 Prozent geben an, die mittlere Reife erworben zu haben, und 36,6 Prozent verfügen über einen Hochschulabschluss oder über ein Studium (vgl. Banz & Lang, 2017, S. 121). Somit können Personen mit einem niedrigen

Schulabschluss als eine der Risikogruppen im Bereich Geldspielautomaten eingestuft werden.

Insgesamt 22,8 Prozent der GlücksspielerInnen an Geldspielautomaten weisen einen Migrationshintergrund auf (vgl. Banz & Lang, 2017, S. 121). Über alle Glücksspielformen verteilt, gelten 23,6 Prozent der GlücksspielerInnen mit Migrationshintergrund als auffällige SpielerInnen und 53,3 Prozent als mindestens problematische SpielerInnen (vgl. Banz & Lang, 2017, S. 132).

Ein Anteil von 37,1 Prozent der GlücksspielerInnen an Geldspielautomaten verfügt über ein Haushaltsnettoeinkommen von mehr als 3.000 Euro. Weitere 35,1 Prozent der BefragungsteilnehmerInnen haben ein Haushaltsnettoeinkommen zwischen 1.500 und 3.000 Euro sowie 27,8 Prozent von weniger als 1.500 Euro (vgl. Banz & Lang, 2017, S. 121). Spielhallen-Servicekräfte liegen mit ihrem Einkommen in der Regel unter 1.500 Euro beziehungsweise im unteren Bereich zwischen 1.500 und 3.000 Euro. Außerdem verfügen sie größtenteils über einen Hauptschulabschluss beziehungsweise die mittlere Reife.

Zusammenfassend weisen Männer mit Migrationshintergrund, im Alter von 18 bis 26 Jahren, einem geringen Bildungsstand und einem monatlichen Haushaltsnettoeinkommen zwischen 1.500 und 3.000 Euro ein statistisch signifikant erhöhtes Risiko für glücksspielbezogene Probleme im Bereich Geldspielautomaten auf.

2.3.1.1 Risikogruppe: Spielhallen-Servicekräfte

Es ist festzustellen, dass MitarbeiterInnen in Casinos in engem Kontakt mit Glücksspielern/Glücksspielerinnen und Glücksspiel stehen. Im Rahmen ihrer beruflichen Tätigkeit geben sie Spielempfehlungen und erleben, wie GlücksspielerInnen in kurzer Zeit größere Geldsummen gewinnen. Der direkte Kontakt mit Glücksspielern/Glücksspielerinnen und Glücksspiel kann ein Risikofaktor für problematisches und pathologisches Glücksspielverhalten sein (vgl. Hing & Helen, 2007, S. 351 f.).

Weiterhin sind Spielhallen-Servicekräfte nahezu täglich der Geräusch- und Lichtkulisse sowie der Glücksspielatmosphäre einer Spielhalle ausgesetzt. Die Atmosphäre in einer Spielhalle beziehungsweise in einem Casino gilt als Erregungsfaktor für GlücksspielerInnen. In Las Vegas werden Casinos (wie beispielsweise das Mirage) im Hinblick auf die Spielatmosphäre eingerichtet und gestaltet – anfangen bei den Wandbemalungen bis hin zu der Planung der Geräuschkulisse. Die komplett durchgeplante Gestaltung des Mirage-Casinos in Las Vegas gilt allgemein als seine Erfolgsformel (vgl. Schüll, 2012, S. 37). Auch in Deutschland werden Einrichtungskonzepte (von teilweise firmeninternen

Designabteilungen) speziell für Spielhallen und Spielbanken entwickelt (vgl. Gauselmann, ohne Jahr & Löwen Gruppe, ohne Jahr, b).

Die Vulnerabilität von Spielhallen-Servicekräften wird vor allem bei der Hinzuziehung von lernpsychologischen Gesetzmäßigkeiten deutlich. Die Theorie des Modelllernens ist in diesem Zusammenhang von besonderer Relevanz. Bestimmte Verhaltensweisen und Einstellungen können unter anderem durch Nachahmung erlernt beziehungsweise adaptiert werden. Die Theorie des Lernens vom Modell erklärt, dass Menschen Handlungen anderer Personen dann nachahmen, wenn sie feststellen, dass die entsprechende Person einen Vorteil aus ihrem Verhalten zieht. Die Bereitschaft, ein bestimmtes Verhalten zu übernehmen, steigt während und nach der Beobachtung (stellvertretende Verstärkung), obwohl der Beobachter selbst keinen Vorteil aus der beobachteten Handlung zieht (vgl. Gollwitzer & Schmitt, 2009, S. 154 f. & 167). In Bezug auf Spielhallen-Servicekräfte ist es möglich, dass das Spielverhalten von KundInnen aufgrund der Realisierung von mutmaßlichen finanziellen Vorteilen adaptiert wird. Durch die regelmäßige Beobachtung von Gewinnen kann somit die Bereitschaft steigen, selbst Gewinne (und die damit verbundenen temporären finanziellen Vorteile) erzielen zu wollen. Im Rahmen von mit Gewinnen verbundenen Trinkgeldern können Spielhallen-Servicekräfte aus dem Glücksspiel sogar direkt einen Vorteil ziehen.

Bei der Betrachtung der Vulnerabilität von Spielhallen-Servicekräften sollten auch die Repräsentativitätsheuristik und somit kognitive Verzerrungen einbezogen werden. Die Gewinnmöglichkeiten und -zeitpunkte könnten (von Spielhallen-Servicekräften) unter anderem danach beurteilt werden, wie repräsentativ Gewinne beziehungsweise Verluste an Geldspielautomaten sind (vgl. Kuhn, 2014, S. 35). Durch die mehrstündige Beobachtung von Spielabläufen an den verschiedenen Geldspielautomaten bekommen Spielhallen-Servicekräfte im Laufe einer Arbeitsschicht einen Eindruck von der Spielhistorie. Dadurch ist es möglich, dass Fehleinschätzungen beziehungsweise Fehlwahrnehmungen für Gewinnwahrscheinlichkeiten entstehen, welche auf der Vernachlässigung der folgenden Grundlagen basieren können.

Die Ausschüttungsquoten an Geldspielautomaten sind in der Regel nicht oder nur teilweise bekannt, wodurch bezüglich der Gewinnwahrscheinlichkeit keine Bewertungen vorgenommen werden können. Dementsprechend würde jegliche Bewertung mit einer kognitiven Verzerrung der BewerterInnen einhergehen. Außerdem findet das „Gesetz der großen Zahlen" häufig keine Beachtung. Dieses Gesetz besagt, dass die Reliabilität einer Erhebung erst mit einer größeren Anzahl von aufeinanderfolgenden Geschehnissen (z. B. Gewinnen und Verlusten) steigt. Eine Arbeitsschicht in der Spielhalle kann dementsprechend nicht die wirkliche Eintrittswahrscheinlichkeit von Gewinnen beziehungsweise Verlusten darstellen (über einen langen Zeitraum gesehen, beträgt die Auszahlquote circa 60 %). Die Spielhistorie beziehungsweise Auszahlquote eines Arbeitstages ist somit nicht repräsentativ (vgl. Kuhn, 2014, S. 35 f.). Auch hier würde eine andere Auffassung auf einer Fehlwahrnehmung basieren.

Die Nutzung eines Geldspielautomaten für die Erzielung eines finanziellen Vorteils würde somit bei Missachtung der beschriebenen Grundsätze auf einem Irrglauben basieren. Die Vernachlässigung der Repräsentativitätsheuristik könnte dementsprechend auch ein Grund für die Entstehung von glücksspielbezogenen Problemen bei Spielhallen-Servicekräften sein.

2.3.2 Entstehungsbedingungen

Die Entstehungsbedingungen von problematischem beziehungsweise pathologischem Glücksspielverhalten können zum Teil stark variieren. Eine entscheidende Rolle bei der Entstehung einer Suchterkrankung spielen kognitive, physiologische, verhaltenspsychologische, emotionale, individuelle und soziale Bedingungen (vgl. Albrecht, 2006, S. 44). In der folgenden Abbildung werden Beispiele für individuelle und soziale Entstehungsbedingungen aufgeführt.

Individuelle Bedingungen	Soziale Bedingungen
Problemlösefähigkeiten	Verfügbarkeit von Suchtmitteln
Soziale Kompetenzen	Bindung an die soziale Bezugsgruppe
Kommunikationsfähigkeiten	Soziales Umfeld
Frustrationstoleranz	Modelle für Suchtmittelmissbrauch
Selbstvertrauen	Et cetera
Et cetera	

Abbildung 4: Individuelle und soziale Bedingungen bei der Entstehung einer Suchterkrankung (vgl. Albrecht, 2006, S. 44)

In der Regel entstehen glücksspielbezogene Probleme bei Männern in der Adoleszenz und bei Frauen im mittleren Lebensalter (vgl. Premper, 2006, S. 10). Den ersten Kontakt mit Glücksspiel haben Betroffene meist im Freundes- und Familienkreis. Karten- und Würfelspiele (wie beispielsweise Poker) werden mit kleinen Geldeinsätzen gespielt. Hinzu kommen Schilderungen von in Spielhallen oder Spielbanken erzielten Gewinnen durch das soziale Umfeld. Es folgt eine gelegentliche Teilnahme an gewerblichen Glücksspielangeboten (vgl. Meyer & Bachmann, 2017, S. 46 f.). Wie bereits beschrieben, können die Entstehungsbedingungen bei den jeweiligen Betroffenen variieren. Eine Annäherung an das Glücksspiel könnte beispielsweise auch durch die berufliche Tätigkeit in einer Spielhalle geschehen.

Grundsätzlich resultiert aus dem erstmaligen Konsum eines Suchtmittels nicht zwangsläufig eine Abhängigkeit (vgl. Albrecht, 2006, S. 44). Die einmalige beziehungsweise gelegentliche Nutzung eines Geldspielautomaten führt dementsprechend nicht unabdinglich zu einem pathologischem Glücksspielverhalten. Meist stehen jedoch anfängliche (Klein-)Gewinne am Beginn einer Spielerkarriere. Betroffene versuchen die Gewinne und die damit verbundenen Emotionen zu steigern, indem sie vermehrt Glücksspiel betreiben und die Einsätze fortlaufend erhöhen. Der Übergang von einem verhältnismäßigen zu einem problematischen (beziehungsweise pathologischen) Glücksspielverhalten verläuft meist fließend. Schon im Anfangsstadium der Spielerkarriere wird das Glücksspiel als Mittel der Ablenkung oder zur Betäubung von anderen psychischen sowie gesellschaftlichen Problemen verwendet (vgl. Premper, 2006, S. 10).

Erzielte Gewinne werden (vor allem in dieser Phase) sowohl den Angehörigen als auch der Spielerszene präsentiert. Von den Gewinnen können Anschaffungen und Investitionen getätigt werden. In der Folge drehen sich Fantasien um Spieltaktiken und mögliche Großgewinne (vgl. Meyer & Bachmann, 2017, S. 47).

Nach eintretenden Verlustphasen entstehen vermehrt finanzielle Verbindlichkeiten, welche Betroffene durch erhöhte Geldeinsätze auszugleichen versuchen. Durch die regelmäßige Teilnahme an Glücksspielen sowie die damit verbundene Geldproblematik treten unter anderem private Konflikte auf. Die soziale Ausgrenzung aufgrund von glücksspielbezogenen Problemen verstärkt die Hinwendung zur Spielerszene und die Bindung an das Glücksspiel (vgl. Premper, 2006, S. 10).

Für ein besseres Verständnis der Glücksspielmotive werden diese nachfolgend aufgeführt. In Abbildung 5 werden die Glücksspielmotive der Befragten dargestellt. Die Abbildung bezieht sich dabei auf die Teilnahme an Glücksspielen im Jahr 2017. In Befragungen der vorangegangenen Jahre wurden teilweise unterschiedliche Befragungsergebnisse erzielt. Aufgrund der stetigen Veränderung von Glücksspielangeboten (beispielweise durch die Digitalisierung) werden im Rahmen dieser Arbeit lediglich die aktuellsten Werte betrachtet. Alle Daten werden in Prozent angegeben.

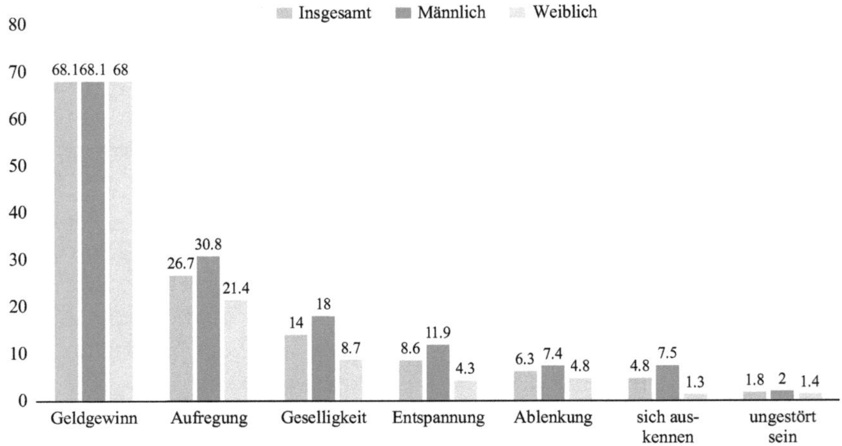

Abbildung 5: Glücksspielmotive (vgl. Banz & Lang, 2017, S. 141)

Aus der Abbildung geht hervor, dass ein Großteil der Befragten Glücksspiel aufgrund der Aussicht auf Geldgewinne (insgesamt 68,1 %) nutzt. Spielhallen-Servicekräfte verfügen über eher geringe Einkommensmöglichkeiten. Sofern Spielhallen-Servicekräfte Geldspielautomaten auch verstärkt aufgrund der Aussicht auf Geldgewinne nutzen, kann davon ausgegangen werden, dass im Glücksspiel eine Möglichkeit der Liquiditätsverbesserung gesehen wird.

Am zweithäufigsten wird die Aufregung (insgesamt 30,8 %) als Glücksspielmotiv genannt. Der Alltag von Spielhallen-Servicekräften kann (abhängig vom Aufkommen der KundInnen) von Leerlaufphasen und damit verbundener Langeweile geprägt sein. In diesem Fall kann das Glücksspiel zur Vermeidung von Langeweile und als Möglichkeit der Ablenkung genutzt werden, wobei das Spielen während der Arbeitszeit nicht gestattet ist und auf Dauer mit einem Arbeitsplatzverlust einhergehen würde.

Darauf folgen die Glücksspielmotive Geselligkeit, Entspannung, Ablenkung, sich auskennen und ungestört sein. Vor allem das Motiv sich auskennen, könnte bei einer Befragung von Spielhallen-Servicekräften eine gewichtige Rolle spielen. Durch die zum Teil mehrjährige Berufserfahrung ist es möglich, dass sich Spielhallen-Servicekräfte als ExpertInnen auf ihrem Gebiet sehen. GlücksspielerInnen berichten in diesem Zusammenhang von durch Spielpraxis erlangten Tricks und Strategien zur Erhöhung der Gewinnwahrscheinlichkeit. Psychologisch kann diese Annahme mit einem kognitiv-behavioralen Modell, beruhend auf der sozialkognitiven Theorie (nach Walker, 1992), erklärt werden. Das Erklärungsmodell basiert auf drei zentralen irrationalen Denkweisen:

1. Gewinne werden eigenen Fähigkeiten und Verluste negativen äußeren Umständen zugeschrieben.
2. Das Spielergebnis kann durch persönliche Einflussnahme (mit-)bestimmt werden.
3. Es wird an verlustbringenden (Entscheidungs-)Strategien, aufgrund der bisher getätigten Investitionen in dieselben, festgehalten.

Spielhallen-Servicekräfte wären in diesem Zusammenhang vor allem von der zweiten irrationalen Denkweise betroffen – das Spielergebnis kann durch persönliche Einflussnahme (mit-)bestimmt werden (vgl. Petry, 2013, S. 14).

Aber auch das Motiv Ablenkung kann, wie bereits beschrieben, für Spielhallen-Servicekräfte ein gewichtiges Glücksspielmotiv darstellen. Aus der Abbildung geht außerdem hervor, dass alle Glücksspielmotive häufiger von den männlichen Befragten genannt werden.

Bringt man die Ergebnisse mit dem Problemspielstatus der Befragten in Zusammenhang, fällt auf, dass nahezu alle Motive (bis auf Geldgewinn) mit zunehmendem Problemausmaß häufiger genannt werden. Diese Gegebenheit ist sowohl bei den männlichen als auch bei den weiblichen Befragungsteilnehmern/Befragungsteilnehmerinnen zu erkennen (vgl. Banz & Lang, 2017, S. 142).

2.3.3 Folgen von problematischem und pathologischem Glücksspielverhalten

Glücksspielbezogene Probleme sind für die Betroffenen in der Regel sehr kostenintensiv. Häufige Folge sind finanzielle Schwierigkeiten, welche zu einer Privatinsolvenz führen können (vgl. Hayer, 2012, S. 80). In Bezug auf Spielhallen-Servicekräfte ist festzustellen, dass der finanzielle Handlungsspielraum aufgrund der eher geringen Einkommensmöglichkeiten verhältnismäßig schnell überschritten ist.

Durch zunehmende finanzielle Schwierigkeiten intensivieren sich abergläubische Überzeugungen. GlücksspielerInnen gehen davon aus, dass die Finanzsituation ausschließlich von möglichen Gewinnen beziehungsweise Verlusten an Geldspielautomaten abhängt. Es entwickelt sich ein „Alles-oder-nichts-Denken" und ein damit verbundener Teufelskreis nimmt seinen Anfang (vgl. Bachmann & El-Akhras, 2014, S. 11).

Mit den Geldproblemen werden Beschaffungsdelikte bei pathologischen Glücksspielern/Glücksspielerinnen mit der Zeit wahrscheinlicher. Viele

Betroffene schätzen ihre Situation als hoffnungslos ein und entwickeln ein stark negativ geprägtes Selbstbild (vgl. Hayer, 2012, S. 80). Spielhallen-Servicekräfte verfügen während ihrer Arbeitszeit über eine Kasse, um Geld zu wechseln und hohe Gewinne auszahlen zu können. Es besteht die Vermutung, dass Kasseninhalte (von Spielhallen-Servicekräften) als „Kurzzeitkredit“ zur Erzielung von Gewinnen genutzt werden. Sowohl das Spielen während der Arbeitszeit als auch die private Nutzung von Kasseninhalten können als Konsequenz einen Arbeitsplatzverlust nach sich ziehen.

Weiterhin kann das familiäre Umfeld durch pathologisches Glücksspielverhalten stark beeinträchtigt werden. Die vorherrschende familiäre Situation ist häufig durch Misstrauen, Unsicherheit und Instabilität geprägt (vgl. Hayer, 2012, S. 80 f.).

GlücksspielerInnen nutzen Geldspielautomaten unter anderem als Ablenkung von privaten und beruflichen Problemen. Durch die Vernachlässigung der Lebensbereiche außerhalb der Spielhalle intensivieren sich die bereits vorhandenen Probleme (vgl. Petry, 2006, S. 7). Petry (2006, S. 7 f.) beschreibt in diesem Zusammenhang, dass GlücksspielerInnen die als schwierig empfundenen (privaten und beruflichen) Herausforderungen durch eine unlösbare Herausforderung (das Glücksspiel) „ersetzen“.

Durch den mit der verstärkten Nutzung von Glücksspiel einhergehenden Drang zur unmittelbaren Bedürfnisbefriedigung nehmen die Problemlösefähigkeiten weiter ab. Mangelnde Problemlösefähigkeiten werden in der Literatur auch als elementarer Bestandteil eines glücksspielbezogenen Lebensstils angeführt (vgl. Petry, 2006, S. 8).

Weiterhin können nach den Paragrafen 104 und 105 des Bürgerlichen Gesetzbuches psychische Erkrankungen und somit glücksspielbezogene Störungen zu einer Aufhebung der Geschäftsfähigkeit führen (vgl. Meyer & Bachmann, 2017, S. 194). Für die Ausübung einer beruflichen Tätigkeit (als Spielhallen-Servicekraft) ergeben sich daraus weiterführende Probleme. Das Zusammenspiel mehrerer Faktoren kann somit schnell zum finanziellen, privaten und beruflichen Ruin führen. Sofern Zusammenhänge zwischen der beruflichen Tätigkeit als Spielhallen-Servicekraft und einem pathologischen Glücksspielverhalten bestehen, sollten gerade in diesem Bereich entsprechende Präventionsmaßnahmen ergriffen werden.

2.4 Das KundInnen-Angestellten-Verhältnis

In Spielhallen sind verschiedene Personen mit unterschiedlichen Aufgabenschwerpunkten tätig. GlücksspielerInnen treffen hauptsächlich auf

Spielhallen-Servicekräfte, TechnikerInnen, Reinigungskräfte und (sofern vorhanden) Sicherheitspersonal. Aus den Erzählungen von Glücksspielern/Glücksspielerinnen geht hervor, dass vor allem Spielhallen-Servicekräfte und TechnikerInnen für die GlücksspielerInnen von besonderer Relevanz sind. Sowohl über Spielhallen-Servicekräfte als auch über TechnikerInnen existieren in diesem Zusammenhang diverse Mythen. Es wird davon ausgegangen, dass Personen in diesen Anstellungen zwischen zwei Welten stehen. Dabei sollen sie weder der einen noch der anderen wirklich angehören (vgl. Reichertz et al., 2010, S. 202). SpielerInnen sehen Spielhallen-Servicekräfte und TechnikerInnen zwar nicht als aktive Akteure des Glücksspiels, aber auch nicht als reine Repräsentanten des Glücksspielunternehmens.

Im Rahmen dieses Abschnitts wird vor allem das Verhältnis zwischen Spielhallen-Servicekräften und KundInnen genauer betrachtet. Während der Arbeitszeit vermitteln Spielhallen-Servicekräfte den Glücksspielern/Glücksspielerinnen das Gefühl, nur das zu sehen, was gesehen werden soll. KundInnen gehen dementsprechend davon aus, dass (sofern gewünscht) nur die Gewinne und nicht die jeweiligen Verluste realisiert werden. Außerdem stehen sie den Glücksspielern/Glücksspielerinnen jederzeit zur Verfügung (vgl. Reichertz et al., 2010, S. 202).

Durch die Anwesenheit der Spielhallen-Servicekräfte können Gefühle wie Einsamkeit und Verlassenheit (bei den Glücksspielern/Glücksspielerinnen) weitestgehend vermieden werden (vgl. Reichertz et al., 2010, S. 202 f.). GlücksspielerInnen versuchen in diesem Zusammenhang, kommunikative und soziale Bedürfnisse mithilfe der Spielhallen-Servicekräfte zu befriedigen. Vor allem in kleineren Spielhallen entsteht dadurch eine fast schon familiäre Atmosphäre. Häufig ist dies von den Betreibern/Betreiberinnen der Spielhallen gewünscht (vgl. Reichertz et al., 2010, S. 130).

Dementsprechend werden StammkundInnen gelegentlich kleine Vorteile oder Gefälligkeiten von den Spielhallen-Servicekräften ermöglicht. Diese reichen vom Vormünzen des Geldspielautomaten über die frühzeitige Auszahlung von Gewinnen bis hin zu Kleinkrediten aus der Kasse. In solchen Fällen werden auch Vorschriften des Arbeitgebers weit ausgelegt beziehungsweise missachtet (vgl. Reichertz et al., 2011, S. 77).

In diesem Zusammenhang sollen die kulturellen Unterschiede zwischen kleinen und großen Spielhallen in Bezug auf das KundInnen-Angestellten-Verhältnis kurz betrachtet werden. Während kleine Spielhallen den Großteil ihres Umsatzes mit StammkundInnen erwirtschaften, verfügen große Spielhallen über einen ausgeprägteren Anteil an Laufkundschaft. Diese Tatsache lässt sich vor allem in den Verhältnissen zwischen KundInnen und Angestellten erkennen. Kommunikation beziehungsweise freundschaftliche Verhältnisse zwischen den beiden

Akteuren sind in großen Spielhallen deutlich seltener vorzufinden. Hier werden GlücksspielerInnen auf mittlerer Distanz gehalten. Die zwischenmenschlichen Beziehungen sind eher serviceorientiert und weniger freundschaftlich beziehungsweise persönlich (vgl. Reichertz et al., 2011). Nichtsdestotrotz sind die auf die Spielhallengröße bezogenen zwischenmenschlichen Verhältnisse nicht als allgemeingültig zu bewerten.

Bei erstmaliger Betrachtung erscheint die Beziehung zwischen KundInnen und Angestellten verhältnismäßig harmonisch beziehungsweise professionell. Aber das KundInnen-Angestellten-Verhältnis ist nicht frei von Spannungen. Gerade in Verlustphasen kann es von Missachtung und Herabwürdigung vonseiten der KundInnen geprägt sein. Beispiele hierfür sind das Zerknüllen von Geldscheinen vor dem Geldwechsel oder die Verunreinigung der Geldspielautomaten. In solchen Situationen kommt es häufig zu negativen Gegenreaktionen seitens der Spielhallen-Servicekräfte (vgl. Reichertz et al., 2010, S. 132). Weiterhin sind Spielhallen-Servicekräfte für die Sicherstellung einer gewissen Ordnung und Kontrolle in Spielhallen verantwortlich. Mögliches Fehlverhalten von Glücksspielern/Glücksspielerinnen wird von ihnen sanktioniert. Es ist davon auszugehen, dass diese Tatsache einer der Gründe ist, warum Spielhallen-Servicekräfte von Glücksspielern/Glücksspielerinnen (noch heute) als „Aufsicht“ bezeichnet werden (vgl. Reichertz et al., 2010, S. 105).

Reichertz et al. (2010, S. 203) beschreiben, dass Spielhallen-Servicekräfte weder GlücksspielerInnen noch ExpertInnen für Glücksspiel seien. Sie werden dementsprechend als reine VermittlerInnen dargestellt. Im Rahmen der vorliegenden Arbeit wird die Hypothese aufgestellt, dass Servicekräfte durch ihre Tätigkeit in einer Spielhalle vermehrt von problematischem beziehungsweise pathologischem Glücksspielverhalten betroffen sind. Weiterhin wird davon ausgegangen, dass ihre Rolle in der Welt des Glücksspiels weit über die reine Vermittlertätigkeit hinausgeht.

2.5 Forschungsstand zu problematischem und pathologischem Glücksspielverhalten bei Angestellten aus der Glücksspielbranche

International gibt es derzeit zwölf relevante Studien aus fünf verschiedenen Ländern (USA, Kanada, Australien, Südkorea, China) zu problematischem beziehungsweise pathologischem Glücksspielverhalten bei Angestellten aus der Glücksspielbranche. Für eine bessere Übersichtlichkeit werden die Studien nachfolgend in einer Tabelle in chronologischer Reihenfolge, geordnet nach dem Veröffentlichungsjahr, dargestellt.

Tabelle 1: Forschungsüberblick

Autoren und Jahr	Land	Zielgruppe	Stichprobengröße/ Zusammensetzung	Messinstrument/ Art der Daten	Prävalenz	Hauptbefund
Shaffer H., Vander Bilt J., Hall M. (1999)	USA	Vollzeit-Casino-MitarbeiterInnen	Stichprobengröße: 3.841 Geschlecht: männlich: 42,1 % Durchschnittsalter: 37,9 Jahre	South Oaks Gambling Screen (schriftliche Befragung)	Level 2: 1,4 % Level 3: 2,1 %	Angestellte in Casinos sind häufiger (als die Gesamtbevölkerung) von pathologischem Glücksspielverhalten betroffen. Dafür weisen sie ein geringeres Risiko für problematisches Glücksspielverhalten auf. Die Teilnahme an unternehmensinternen Präventions- und Hilfeprogrammen ist eher gering.
Shaffer H., Hall M. (2002)	USA	Vollzeit-Casino-MitarbeiterInnen	Stichprobengröße: MZ 1: 6.067 MZ 2: 3.174 MZ 3: 1.176 Geschlecht (männlich): MZ 1: 42,1 % MZ 2: 39,2 % MZ 3: 38,3 % Durchschnittsalter: MZ 1: 37,4 Jahre MZ 2: 40,1 Jahre MZ 3: 41,15 Jahre	South Oaks Gambling Screen (schriftliche Befragung)	Level 2: MZ 1: 21,2 % MZ 2: 15,1 % MZ 3: 13,0 % Level 3: MZ 1: 4,3 % MZ 2: 2,1 % MZ 3: 1,8 %	Das Risiko für glücksspielbezogene Störungen ist bei Casino-Angestellten um ein Vielfaches höher als beim Rest der Bevölkerung. Der Schweregrad von pathologischem Glücksspielverhalten kann sich mit der Zeit sowohl ins Positive als auch ins Negative verändern.
Hing N., Breen H. (2005)	Australien	Glücksspiel-beraterInnen	Stichprobengröße: 32	Semistrukturierte Interviews (telefonische Befragung)	-	Casino-Angestellte sind eine Risikogruppe für problematisches Glücksspielverhalten. Dieses Risiko ergibt sich aus einer Vielzahl von Faktoren, die sich auf die Arbeitsumgebung (Casinos) beziehen. Jedoch existieren zahlreiche Maßnahmen, die glücksspielbezogene Probleme unter Mitarbeitern/Mitarbeiterinnen minimieren bzw.

(*fortgeführt*)

Tabelle 1: Fortsetzung

Autoren und Jahr	Land	Zielgruppe	Stichprobengröße/ Zusammensetzung	Messinstrument/ Art der Daten	Prävalenz	Hauptbefund
						verhindern sollen.
Hing N., Breen H. (2006)	Australien	Club-, Hotel-, Casino-MitarbeiterInnen	Stichprobengröße: 86	Semistrukturierte Interviews (Face-to-Face-Befragung)	-	Die Arbeit in einem Casino kann die Teilnahme an Glücksspielen fördern. Berufsspezifische Faktoren, die die Teilnahme an Glücksspielen fördern, sind: Kontakt und Interaktionen mit Glücksspielern/Glücksspielerinnen, Marketingaktionen, Einfluss von anderen Mitarbeitern/Mitarbeiterinnen und des Managements, berufsbedingter Stress und Schichtarbeit.
Hing N., Breen H. (2007)	Australien	Club-, Hotel-, Casino-Manager	Stichprobengröße: 73	Semistrukturierte Interviews (Face-to-Face-Befragung)	-	Die meisten Manager gehen davon aus, dass die berufliche Tätigkeit in einem Casino MitarbeiterInnen vom Glücksspiel abhält. Es konnten sowohl glücksspielfördernde (acht) als auch nicht glücksspielfördernde Faktoren (neun) am Arbeitsplatz festgestellt werden.
Hing N., Breen H. (2008a)	Australien	Club-, Hotel- und Casino-MitarbeiterInnen	Stichprobengröße: 56 Geschlecht: männlich: 46 % Durchschnittsalter: 29 Jahre	Canadian Problem Gambling Severity Index (schriftliche Befragung)	Low-risk gambler: 16,1 % Moderate-risk gambler: 19,6 % Problem gambler: 8,9 %	Das Risiko für problematisches Glücksspielverhalten ist bei Angestellten aus der Glücksspielbranche 16-mal höher als bei der übrigen Bevölkerung. Es wird empfohlen, das Glücksspiel von Mitarbeitern/Mitarbeiterinnen am Arbeitsplatz zu verhindern, das Bewusstsein für Risiken (von Glücksspielen) zu schärfen und MitarbeiterInnen mit glücksspielbezogenen Problemen zu unterstützen.
Hing N., Breen H. (2008b)	Australien	Casino-MitarbeiterInnen mit glücksspiel-bezogenen Problemen	Stichprobengröße: 6	Semistrukturierte Interviews/Cases Studies (Face-to-Face-Befragung)	-	Die Teilnahme an Glücksspielen (von Casino-Angestellten) wird unter anderem durch folgende Faktoren gefördert: enge Interaktionen und häufiger Kontakt mit Glücksspielern/Glücksspielerinnen, Einfluss von anderen Mitarbeitern/Mitarbeiterinnen und des Managements, Stress am Arbeitsplatz, Arbeitsstunden und Marketingmaßnahmen. Präventionsmaßnahmen und -trainings konnten die TeilnehmerInnen nicht vor glücksspielbezogenen

Autoren und Jahr	Land	Zielgruppe	Stichprobengröße/ Zusammensetzung	Messinstrument/ Art der Daten	Prävalenz	Hauptbefund
						Problemen schützen.
Hing N., Breen H. (2008c)	Australien	Casino-MitarbeiterInnen mit glücksspielbezogenen Problemen, Glücksspielberaterlnnen, Club-, Hotel-, Casino-Manager und -MitarbeiterInnen	Stichprobengröße: 197	Semistrukturierte Interviews (Face-to-Face-Befragung)	-	Angestellte aus der Glücksspielbranche sind eine Risikogruppe für problematisches und pathologisches Glücksspielverhalten. Es werden Faktoren beschrieben, die die Teilnahme an Glücksspielen und das Glücksspielverhalten von Angestellten aus der Glücksspielbranche beeinflussen.
Wu A., Wong E. (2008)	China	Casino-MitarbeiterInnen (Dealer)	Stichprobengröße: 119 Geschlecht: männlich: 47,9 % Durchschnittsalter: 24,78 Jahre	South Oaks Gambling Screen (schriftliche Befragung)	Level 3: 6,7 %	Circa sieben Prozent der Befragten weisen starke Anzeichen für pathologisches Glücksspielverhalten auf. Arbeitsstress hatte einen bedeutenden, aber schwachen Einfluss auf das pathologische Glücksspielverhalten.
Lee T., Rhee H., Shaffer H., LaBrie R. (2008)	Südkorea	Vollzeit-Casino-MitarbeiterInnen	Stichprobengröße: 353 Geschlecht: männlich: 53,3 % Durchschnittsalter: 31,4 Jahre	Korean version of South Oaks Gambling Screen (schriftliche Befragung)	Level 3: 3,0 %	Insgesamt drei Prozent der Befragten sind von pathologischem Glücksspielverhalten betroffen. Es wird empfohlen, Gesundheitsschulungen speziell für Angestellte aus der Glücksspielbranche zu entwickeln.
Hing N., Gainsbury S. (2011)	Australien	Club-, Hotel- und Casino-MitarbeiterInnen	Stichprobengröße: 511 Geschlecht:	Canadian Problem Gambling Severity Index (E-Mail-Umfrage, Online-	Low-risk gambler: 17,0 % Moderate-risk	Casino-Angestellte nutzen auffällig häufig verschiedene Glücksspielformen (Lotto, Geldspielautomaten, Sportwetten, Keno, privates Glücksspiel, Tischspiele, Online-Glücksspiel). Bei

(*fortgeführt*)

Tabelle 1: Fortsetzung

Autoren und Jahr	Land	Zielgruppe	Stichprobengröße/ Zusammensetzung	Messinstrument/ Art der Daten	Prävalenz	Hauptbefund
			männlich: 43,2 % Durchschnittsalter: 36,6 Jahre	Umfrage, schriftliche Befragung)	gambler: 11,5 % Problem gambler: 4,5 %	allen untersuchten Glücksspielen liegen sowohl die Spieldauer als auch die Teilnahmeprävalenzen über dem Durchschnitt der Gesamtbevölkerung. Es wird festgestellt, dass Angestellte überdurchschnittlich häufig (9,6-mal häufiger) von glücksspielbezogenen Problemen betroffen sind.
Guttentag D., Harrigan K., Smith S. (2012)	Kanada	MitarbeiterInnen aus der Glücksspiel-branche	Schriftliche Befragung: 934 Qualitative Interviews: 21 Geschlecht: männlich: 35,6 % Alter: ≤ 30 Jahre: 20,3 % 31-40 Jahre: 32,0 % 41-50 Jahre: 26,4 % ≥ 51 Jahre: 21,3 %	Canadian Problem Gambling Severity Index, Gamblers' Beliefs Questionnaire (schriftliche Befragung, Face-to-Face-Befragung)	Low-risk gambler: 14,3 % Moderate-risk gambler: 8,9 % Problem gambler: 3,2 %	Angestellte aus der Glücksspielbranche sind bis zu dreimal häufiger von problematischem Glücksspielverhalten betroffen. Diese Ausprägungen werden zum einen durch eine verstärkte Teilnahme am Glücksspiel in Verbindung mit der Aufnahme der beruflichen Tätigkeit und zum anderen mit der Anstellung von Glücksspielern/Glücksspielerinnen in Casinos erklärt. Es wird festgestellt, dass das Glücksspielverhalten von Casino-Angestellten durch eine Vielzahl unterschiedlicher und zum Teil gegensätzlicher Faktoren beeinflusst wird.

MZ = Messzeitpunkt

Shaffer et al. (1999) untersuchen allgemeine Risiken bei Mitarbeitern/Mitarbeiterinnen in amerikanischen Casinos. Dabei gehen sie speziell auf pathologisches Glücksspielverhalten, Rauchen und Alkoholkonsum ein. Für die Studie werden 3.841 Vollzeit-MitarbeiterInnen befragt.

Es wird festgestellt, dass Angestellte in Casinos einem höheren Risiko ausgesetzt sind, von pathologischem Glücksspielverhalten betroffen zu sein. Dafür weisen sie ein geringeres Risiko für problematisches Glücksspielverhalten auf. Außerdem sind MitarbeiterInnen in Casinos überdurchschnittlich häufig von Tabak- und Alkoholproblemen sowie Depressionen betroffen. Die Teilnahme an unternehmensinternen Präventions- und Hilfeprogrammen ist eher gering (vgl. Shaffer et al., 1999, S. 365).

Diese Studie empfiehlt der Geschäftsführung von Casinos, Screeningverfahren zur Erkennung von glücksspielbezogenen Störungen anzuwenden. Diese Screeningverfahren sollten zusätzlich bei der Feststellung von anderen psychischen Problemen eingesetzt werden. Weiterhin sollte das Bewusstsein der Angestellten für psychische Erkrankungen, welche ihren Ursprung in der beruflichen Tätigkeit haben, erhöht werden. Für diese Zwecke kann Aufklärungsarbeit mittels verschiedener Kanäle der internen Kommunikation betrieben werden (vgl. Shaffer et al., 1999, S. 374 ff.).

Während im Rahmen der Studie von Shaffer et al. (1999) allgemeine Risiken (bei Mitarbeitern/Mitarbeiterinnen in Casinos) untersucht werden, wird in der vorliegenden Arbeit ausschließlich auf glücksspielbezogene Probleme (bei Mitarbeitern/Mitarbeiterinnen) eingegangen. Dadurch können die einzelnen Facetten dieses Problems genauer betrachtet werden. Ein Hauptaugenmerk dieser Arbeit liegt beispielsweise auf der Gestaltung des Glücksspielverhaltens von Spielhallen-Servicekräften („Wie gestaltet sich das Glücksspielverhalten von Spielhallen-Servicekräften?“).

Drei Jahre später veröffentlichen Shaffer und Hall (2002) eine weitere Studie zu problematischem und pathologischem Glücksspielverhalten bei Angestellten aus der Glücksspielbranche. Bei dieser Studie wird die zeitliche Entwicklung des Glücksspielverhaltens untersucht. Dabei wird festgestellt, dass sich der Schweregrad von pathologischem Glücksspielverhalten mit der Zeit sowohl zum Positiven als auch zum Negativen verändern kann. Weiterhin wird auch in dieser Studie festgestellt, dass das Risiko für glücksspielbezogene Störungen bei Mitarbeitern/Mitarbeiterinnen aus der Glücksspielbranche um ein Vielfaches höher als beim Rest der Bevölkerung ist.

In den folgenden Jahren führen Hing und Breen (2005) eine mehrstufige qualitative Studie durch. In der Veröffentlichung des ersten Abschnitts (dieser Studie) wird festgestellt, dass Casino-Angestellte eine Risikogruppe für problematisches

Glücksspielverhalten sind. Dieses Risiko ergibt sich aus einer Vielzahl von Faktoren, die sich auf die Arbeitsumgebung (Casinos) beziehen. Jedoch existieren zahlreiche Maßnahmen, die glücksspielbezogene Probleme von Mitarbeitern/Mitarbeiterinnen minimieren beziehungsweise verhindern sollen (vgl. Hing & Breen, 2005, S. 25). Für die Studie führen sie semistrukturierte Telefoninterviews mit 32 Glücksspielberatern/Glücksspielberaterinnen aus Australien durch (vgl. Hing & Breen, 2005, S. 29).

Im zweiten Abschnitt der Studie werden semistrukturierte Face-to-Face-Befragungen mit 86 Club-, Hotel- und Casino-Mitarbeitern/Mitarbeiterinnen durchgeführt. Auch hier lässt sich feststellen, dass die Arbeit in einem Casino die Teilnahme an Glücksspielen fördern kann. Berufsspezifische Faktoren, die die Teilnahme an Glücksspielen fördern, sind beispielsweise Kontakt und Interaktionen mit Glücksspielern/Glücksspielerinnen, Marketingaktionen, berufsbedingter Stress und Schichtarbeit (vgl. Hing & Breen, 2006, S. 7).

Damit die Thematik aus allen Perspektiven betrachtet werden kann, werden in einem nächsten Schritt 73 Club-, Hotel- und Casino-Manager persönlich befragt. Die meisten Manager gehen davon aus, dass die berufliche Tätigkeit in einem Casino MitarbeiterInnen vom Glücksspiel abhält. Im Rahmen der Untersuchung können acht glücksspielfördernde und neun nicht glücksspielfördernde Faktoren am Arbeitsplatz ermittelt werden (vgl. Hing & Helen, 2007, S. 346).

Hing und Breen (2008b) befragen außerdem sechs Casino-MitarbeiterInnen mit glücksspielbezogenen Problemen. Im Rahmen der Fallstudien stellt sich heraus, dass die Teilnahme an Glücksspielen (von Casino-Angestellten) unter anderem durch folgende Faktoren gefördert wird: enge Interaktionen und häufiger Kontakt mit Glücksspielern/Glücksspielerinnen, Stress am Arbeitsplatz, Arbeitsstunden im Casino und Marketingmaßnahmen. Präventionsmaßnahmen und -trainings konnten die TeilnehmerInnen nicht vor glücksspielbezogenen Problemen schützen.

Im letzten Abschnitt der mehrstufigen qualitativen Untersuchung werden die Ergebnisse aus den vier Studien im Zusammenhang betrachtet. Wie sich bereits in den vorherigen Studien herausstellte, sind Angestellte aus der Glücksspielbranche eine Risikogruppe für problematisches und pathologisches Glücksspielverhalten. Es werden Faktoren beschrieben, die die Teilnahme an Glücksspielen und das Glücksspielverhalten von Mitarbeitern/Mitarbeiterinnen aus der Glücksspielbranche beeinflussen (vgl. Hing & Breen, 2008c, S. 1).

Auch im Rahmen der vorliegenden Arbeit werden (ehemalige) MitarbeiterInnen (in Spielhallen) mit glücksspielbezogenen Problemen mithilfe von semistrukturierten Interviews befragt. Dabei liegt das Hauptaugenmerk auf

Informationen, die für die Durchführung einer quantitativen Studie hilfreich sind.

Auch in einer nächsten Studie können Zusammenhänge zwischen problematischem beziehungsweise pathologischem Glücksspielverhalten und einer Tätigkeit in der Glücksspielbranche festgestellt werden. Wu und Wong (2008) befragen 119 chinesische Casino-MitarbeiterInnen. Circa sieben Prozent der Befragten lassen starke Anzeichen für pathologisches Glücksspielverhalten erkennen.

Lee et al. (2008) befragen mithilfe des South Oaks Gambling Screens 353 Angestellte zweier Casinos in Südkorea. Dabei stellen sie fest, dass drei Prozent der Befragten pathologisches Glücksspielverhalten aufweisen. Weiterhin sind Angestellte mit glücksspielbezogenen Problemen überdurchschnittlich häufig von Tabak- und Alkoholproblemen sowie Depressionen betroffen. Es wird empfohlen, Gesundheitsschulungen speziell für Angestellte aus der Glücksspielbranche zu entwickeln (vgl. Lee et al., 2008, S. 191).

Hing und Breen (2008a) geben an, dass das Risiko für problematisches Glücksspielverhalten bei Angestellten aus der Glücksspielbranche 16-mal höher als bei der übrigen Bevölkerung ist. Für ihre Studie nutzen sie den Canadian Problem Gambling Index und befragen 56 Personen aus Queensland, Australien.

Die Einstellungen der Angestellten bezüglich Suchtpräventionsmaßnahmen für KundInnen oder Angestellte aus der Glücksspielbranche wurden in den vorangegangenen Studien wenig bis gar nicht behandelt. Im Rahmen der vorliegenden Arbeit sollen diese beiden Themenbereiche genauer betrachtet werden.

In einer weiteren Studie, welche auch in Queensland erhoben wurde, werden Glücksspielprobleme bei Mitarbeitern/Mitarbeiterinnen von Spielstätten untersucht. Im Rahmen der Studie werden 511 Angestellte aus der Glücksspielbranche befragt. Hing und Gainsbury (2011) können feststellen, dass Angestellte auffallend häufig verschiedene Formen des Glücksspiels nutzen. Im Rahmen der Studie werden folgende Glücksspielformen untersucht: Lotto, Geldspielautomaten, Sportwetten, Keno, privates Glücksspiel, Tischspiele und Online-Glücksspiel. Bei allen untersuchten Glücksspielen liegen sowohl die Spieldauer als auch die Teilnahmeprävalenzen über dem Durchschnitt der Gesamtbevölkerung. Auch hierbei kann festgestellt werden, dass Angestellte aus der Glücksspielbranche überdurchschnittlich häufig (9,6-mal häufiger) von glücksspielbezogenen Problemen betroffen sind. Die vermehrte Teilnahme an Glücksspielen erfolgt auffällig häufig zeitgleich mit der Aufnahme der beruflichen Tätigkeit.

Im Jahr 2012 wurde die bisher aktuellste Studie bezüglich glücksspielbezogener Probleme bei Angestellten aus Casinos durchgeführt. Guttentag et al. (2012) konzentrieren sich auf das Glücksspielverhalten von Casino-Angestellten und die Auswirkungen ihrer beruflichen Tätigkeit (in Bezug auf das Glücksspielverhalten). Für ihre Studie befragen sie 934 MitarbeiterInnen aus fünf Casinos in Ontario. Außerdem führen sie 21 qualitative Interviews mit Casino-Mitarbeitern/Mitarbeiterinnen durch. Auch sie können feststellen, dass Angestellte aus der Glücksspielbranche im Vergleich mit der Durchschnittsbevölkerung bis zu dreimal häufiger von problematischem Glücksspielverhalten betroffen sind. Diese Ausprägungen werden zum einen durch eine verstärkte Teilnahme am Glücksspiel in Verbindung mit der Aufnahme der beruflichen Tätigkeit und zum anderen mit der Anstellung von Glücksspielern/Glücksspielerinnen in Casinos erklärt.

In diesem Zusammenhang wird festgestellt, dass das Glücksspielverhalten von Casino-Angestellten durch eine Vielzahl unterschiedlicher und zum Teil gegensätzlicher Faktoren (wie z. B. Casinomarketing, Glücksspielerfahrungen, Suchtpräventionsschulungen, Wahrnehmung von Höchstgewinnen und Gewinnbeteiligungen durch Trinkgelder) beeinflusst wird. Weiterhin wird darauf hingewiesen, dass sowohl die Verhaltensweisen als auch die jeweiligen Faktoren genauer untersucht werden sollten, um verantwortungsbewusstes Glücksspiel (unter Casino-Angestellten) zu fördern (vgl. Guttentag et al., 2012, S. 13 ff. & 20).

Die Gründe beziehungsweise die Glücksspielmotive für die Nutzung der jeweiligen Glücksspielformen werden in den vorangegangenen Studien geringfügig bis gar nicht betrachtet. Diese Lücke soll im Rahmen der vorliegenden Arbeit für Spielhallen-Servicekräfte geschlossen werden. Dabei liegt ein Hauptaugenmerk auf der Nutzung von Geldspielautomaten.

Auch in einem Internetartikel aus dem Jahr 2019 wird auf mögliche Suchtproblematiken von Mitarbeitern/Mitarbeiterinnen aus der Glücksspielbranche (in Macau) eingegangen. Der Autor geht davon aus, dass ein geringeres Wirtschaftswachstum der Hotel- und Casinobranche Macaus (für 2019) unter anderem auf ein Casinoverbot für MitarbeiterInnen aus der Glücksspielbranche zurückzuführen sei. Im Jahr 2018 wurde ein solches Verbot von der Legislativversammlung Macaus verabschiedet. Das Verbot begründet sich mit der Annahme, dass 30 Prozent der problematischen und pathologischen GlücksspielerInnen ehemalige oder aktive Angestellte aus der Glücksspielbranche sind. Mithilfe des Verbots sollen glücksspielbezogene Probleme minimiert und der Spielerschutz gestärkt werden (vgl. Mayer, 2019).

Aufgrund der vorliegenden Studien und Informationen ist davon auszugehen, dass auch in Deutschland Zusammenhänge zwischen einer Tätigkeit in der Glücksspielbranche und problematischem beziehungsweise pathologischem Glücksspielverhalten bestehen. Sowohl in Deutschland als auch in Europa existieren bisher keine Studien über mögliche Glücksspielproblematiken bei Mitarbeitern/Mitarbeiterinnen von Spielstätten. Außerdem lag der Schwerpunkt bei keiner der beschriebenen Studien speziell auf Mitarbeitern/Mitarbeiterinnen von Spielhallen beziehungsweise Angestellten von reinen Automatencasinos. Im Rahmen der folgenden Erhebung soll diese Forschungslücke (für Deutschland) geschlossen werden.

3 Methodik

Bisher lag das Hauptaugenmerk auf den theoretischen Grundlagen. In diesem Abschnitt wird die Methodik für die Untersuchung ausführlich beschrieben und erklärt.

3.1 Untersuchungsplanung

Im empirischen Teil dieser Arbeit sollte das Forschungsproblem („Wie gestaltet sich das Glücksspielverhalten von Spielhallen-Servicekräften?") in zwei Schritten untersucht werden. Im ersten Schritt lag der Schwerpunkt auf den leitfadenorientierten Interviews mit drei Spielhallen-Servicekräften, welche aktuell mindestens ein problematisches Glücksspielverhalten aufweisen oder zeitweise aufgewiesen haben. Durch die Ergebnisse aus den Interviews konnten bestehende Hypothesen konkretisiert und neue Annahmen generiert werden. Die Ergebnisse bildeten somit eine Grundlage für den zweiten Schritt des empirischen Teils, in dem eine Befragung von N = 300 Spielhallen-Servicekräften durchgeführt wurde.

3.2 Das qualitative Interview

Mithilfe von qualitativen Interviews werden Daten aus Gesprächen erhoben. Die InterviewpartnerInnen stehen dabei im Fokus der Befragung. Qualitative Interviews kommen verhältnismäßig häufig in der Forschung zur Anwendung. Sie bieten sich aufgrund ihrer Ähnlichkeit mit der Alltagskommunikation an. Der entscheidende Unterschied zwischen dem qualitativen Interview und der Alltagskommunikation liegt in der Rollenverteilung während des Gesprächs. Im Zuge des qualitativen Interviews übernehmen die ForscherInnen die Rollen der Fragenden und der Zuhörenden. Die zu Interviewenden berichten und beantworten. Die asymmetrische Gesprächssituation ist sowohl den Forschern/Forscherinnen als auch den zu Interviewenden bekannt (vgl. Misoch, 2015, S. 13 f.).

Grundsätzlich kann zwischen offenen, halb offenen und standardisierten Interviews unterschieden werden (vgl. Misoch, 2015, S. 14). Im Rahmen der vorliegenden Arbeit kamen leitfadenorientierte Interviews zur Anwendung. Leitfäden werden vor dem Interview durch die ForscherInnen erstellt und dienen unter anderem der Steuerung und Strukturierung der Befragung. Weiterhin können die erhobenen Daten durch die Nutzung eines Leitfadens besser miteinander verglichen werden. Leitfadenorientierte Interviews gehören zu den semistrukturierten Erhebungsformen (vgl. Misoch, 2015, S. 65 f.).

3.2.1 Theorie und Durchführung der Interviews

Für die Untersuchung des Glücksspielverhaltens von Spielhallen-Servicekräften wurden im ersten Schritt qualitative leitfadenorientierte Interviews mit drei Spielhallen-Servicekräften, welche ein mindestens problematisches Glücksspielverhalten aufweisen oder zeitweise aufgewiesen haben, durchgeführt. Leitfadenorientierte Interviews bieten die Möglichkeit, gezielt auf das Erfahrungswissen der Befragten zuzugreifen. Das Hauptaugenmerk lag auf den Entstehungsbedingungen des problematischen beziehungsweise pathologischen Glücksspielverhaltens und den Auswirkungen der beruflichen Tätigkeit in Bezug auf das Glücksspielverhalten.

Die digital aufgenommenen persönlichen Interviews wurden nach der Durchführung transkribiert. Dabei erfolgte eine Verschriftlichung der Inhalte der Aussagen. Nonverbale Kommunikation fand dementsprechend keine Berücksichtigung. Auch Akzentuierungen und Pausen wurden hier nicht gesondert extrahiert, da diese Angaben für die Verschriftlichung der relevanten Informationen nicht benötigt wurden. Die Transkriptionen stellten die Grundlage für die Analyse der leitfadenorientierten Interviews dar.

Aus datenschutzrechtlichen Gründen wurden alle Angaben bezüglich Namen und (ehemalige) Arbeitgeber so anonymisiert, dass Dritte keine Rückschlüsse auf die Interviewten ziehen können.

Unter Abschnitt 3.4 *Kernaussagen der Erhebung* werden die Kernaussagen zusammengefasst und mit Vorüberlegungen verknüpft. Dadurch werden bestehende Hypothesen konkretisiert und neue Annahmen generiert.

3.2.2 Mündliche Befragung, Beschreibung der InterviewpartnerInnenauswahl und Zielsetzung

Wie bereits beschrieben, wurden für den methodischen Zugang der vorliegenden Arbeit qualitative leitfadenorientierte Interviews gewählt. Nach der Entwicklung des Leitfadens wurden drei Pretests durchgeführt, um den Leitfaden auf seine Anwendbarkeit zu überprüfen.

Pretests

Für die Pretests wurden TeilnehmerInnen aus themennahen Arbeits- und Forschungsbereichen gewählt:

- Geschäftsführerin einer Spielhalle,
- Mitarbeiter einer Spielhalle,
- Psychotherapeut für Suchtproblematiken.

Die Pretests erfolgten in Form von persönlichen Interviews, da auch die von einem mindestens problematischen Glücksspielverhalten betroffenen Spielhallen-Servicekräfte auf diese Weise zu Wort kamen. Außerdem erhielten die Befragten der Pretests die gleichen Informationen wie die Spielhallen-Servicekräfte zur Verfügung gestellt. Die Dauer der einzelnen Pretests betrug circa 15 bis 20 Minuten.

Es stellte sich heraus, dass die Befragten der Pretests Verständnisprobleme bei unterschiedlichen Fragestellungen hatten, diese jedoch während des Interviews nicht kommunizierten. Aus diesem Grund wurde den zu Interviewenden vor der Befragung mitgeteilt, dass Verständnisfragen während des Interviews erwünscht sind. Es bestanden vor allem Verständnisprobleme bei dem Begriff „Glücksspielverhalten". In den folgenden qualitativen Interviews wurde der Begriff bei der ersten Erwähnung kurz erklärt. Außerdem wurde die Reihenfolge der Fragen für eine Verbesserung des Redeflusses abgeändert. Gegen Ende der Pretest-Interviews fragten die InterviewpartnerInnen, ob zusätzliche (nicht abgefragte) Informationen mitgeteilt werden dürfen. Aus diesem Grund wurde der Leitfaden um die Frage „Haben Sie noch Ergänzungen oder weiterführende Informationen?" erweitert.

Aus psychotherapeutischer Sicht bedeutet der Leitfaden keine Gefahr für eine Verstärkung von problematischem beziehungsweise pathologischem Glücksspielverhalten.

Mithilfe der Informationen aus den Pretests erfolgte eine Überarbeitung des Leitfadens. Darauf wurden Interviews mit drei Spielhallen-Servicekräften (welche ein mindestens problematisches Glücksspielverhalten aufweisen oder zeitweise aufgewiesen haben) durchgeführt.

Als InterviewpartnerInnen eignen sich Personen mit einem guten Fachwissen oder mit besonderen Erfahrungen in einem bestimmten Themengebiet. In diesem Fall wurden InterviewpartnerInnen mit besonderen Erfahrungen ausgewählt. Die zu Interviewenden sollten über die berufliche Tätigkeit, die möglicherweise dadurch entstandene Glücksspielsucht und den (zeitweisen) Verlust des Arbeitsplatzes berichten.

Im Allgemeinen ist es möglich, dass InterviewpartnerInnen ihre (Glücksspiel-) Erfahrung im Rahmen von Freizeitaktivitäten gesammelt haben. Auch solche InterviewpartnerInnen können über Erfahrungen im Glücksspiel-Bereich berichten. Für diese Arbeit wurden solche BefragungsteilnehmerInnen jedoch ausgeschlossen, da für die vorliegende Untersuchung Berufserfahrung in einer Spielhalle zwingend erforderlich ist.

Die zu befragenden Spielhallen-Servicekräfte konnten ihre berufliche Tätigkeit zeitweise nicht wahrnehmen oder hatten aufgrund von glücksspielbezogenen Problemen berufliche Schwierigkeiten. Dementsprechend sind sie in der Lage, über die Folgen von glücksspielbezogenen Problemen zu berichten.

Da vor der beruflichen Tätigkeit kein problematisches beziehungsweise pathologisches Spielverhalten bestand, können sie in Bezug auf das Glücksspielverhalten die Entstehungsbedingungen und die Auswirkungen der beruflichen Tätigkeit schildern. Ein Schwerpunkt der Interviews lag auf dem durch die Tätigkeit entstandenen „Teufelskreis“ und den Möglichkeiten, diesem zu entkommen. Außerdem konnten die zu Interviewenden ihren finanziellen Hintergrund und berufliche Alternativen darlegen.

Die zu Interviewenden wurden im Rahmen von persönlichen Interviews, in einer vertrauten Umgebung der zu Interviewenden, zu den relevanten Themen der vorliegenden Arbeit befragt. In den Interviews wurden die Erfahrungen auf dem Gebiet des in dieser Arbeit beschriebenen Themenbereichs erschlossen. Das Forschungsinteresse lag dabei auf folgenden Themenbereichen (s. *Anhang: Leitfaden für qualitative Interviews*):

- Allgemeine Informationen,
- Entstehungsbedingungen des problematischen beziehungsweise pathologischen Glücksspielverhaltens,
- Suchtprävention durch den Arbeitgeber,
- Auswirkungen der beruflichen Tätigkeit auf das Glücksspielverhalten,
- „Teufelskreis Arbeitsplatz: kein Entkommen aus der Gefahrenzone“,
- finanzieller Hintergrund und berufliche Alternativen der (ehemaligen) Spielhallen-Servicekräfte.

Durch die Art der Erhebung konnten keine quantitativen Daten erhoben werden, da für eine solche Untersuchung eine größere Anzahl von InterviewpartnerInnen (mindestens 100) nötig ist. Quantitative Daten wurden ausschließlich im zweiten Teil der empirischen Untersuchung ermittelt. Im Rahmen der qualitativen Interviews sollten in erster Linie Informationen zur Erstellung der Fragebögen der quantitativen Untersuchung generiert und konkretisiert werden.

Die Interviews wurden mit verschiedenen Kontaktpersonen im Bekanntenkreis durchgeführt und beschränken sich auf die Bundesländer Bremen und Niedersachsen. Die Kontaktaufnahme erfolgte telefonisch. Bereits während des

Telefonats erfolgte die Darlegung von Informationen über den Zweck, den Inhalt und den Ablauf des Interviews. Es wurden keine weiteren Informationen über das bevorstehende Interview mitgeteilt, um eine Beeinflussung der zu Interviewenden zu verhindern. Im Rahmen des Telefonats erfolgte auch die Absprache eines Termins für das Interview.

3.2.3 Offene leitfadenorientierte Interviews

Grundsätzlich kann zwischen offenen und geschlossenen Fragen unterschieden werden. Offene Fragen bieten den Befragten viele Antwortmöglichkeiten. Dadurch haben die Befragten die Möglichkeit, ein breites Spektrum an Informationen, Erfahrungen, Ideen, Meinungen etc. wiederzugeben. Mögliche Fragestellungen umfassen:

- Wie hat sich Ihre berufliche Tätigkeit auf Ihr Glücksspielverhalten ausgewirkt?
- Warum haben Sie angefangen, an Geldspielautomaten zu spielen?
- Welche Suchtpräventionen bestanden vonseiten Ihres Arbeitgebers für die MitarbeiterInnen?
- Wie haben Sie Ihre glücksspielbezogenen Probleme und die damit verbundenen beruflichen Schwierigkeiten lösen können?

Bei geschlossenen Fragen werden den Befragten die Antwortmöglichkeiten vorgegeben. Die Vorgabe der Antwortmöglichkeiten erfolgt entweder durch die Nennung der möglichen Antworten oder durch die Frage selbst:

- Haben Sie glücksspielbezogene Probleme?
- Gab es Suchtpräventionen durch Ihren ehemaligen Arbeitgeber?
- Verdienen Sie weniger oder mehr als 2.000 Euro im Monat?

Die leitfadenorientierten Interviews bestehen größtenteils aus offenen Fragen. Die Antworten lassen sich als Daten für die darauffolgende Analyse verwenden. Geschlossene Fragen wurden lediglich zur Gewinnung allgemeiner Informationen über die Befragten gestellt (z. B.: „Arbeiten Sie noch in einer Spielhalle?“). Jedoch folgte auf jede geschlossene Frage eine offene Frage zur Vervollständigung der Informationen.

Das leitfadenorientierte Interview ist eine qualitative Befragungsmethode. Dabei werden die Fragen für das Interview vor dessen Durchführung festgelegt. Fragen, die dieser Befragungstechnik entsprechen, können größtenteils sehr offen beantwortet werden. Die Wahl des leitfadenorientierten Interviews setzt dementsprechend die Nutzung von offenen Fragen voraus.

Mithilfe von leitfadenorientierten Interviews werden zwar konkrete Fragen gestellt, die Befragten haben jedoch die Möglichkeit, die Fragen ausführlich zu beantworten und weitere Aspekte in das Interview einzubringen. Außerdem erfolgt die Steuerung des Interviews durch die vorbereiteten Leitfragen. Auf eine stringente Reihenfolge wird dabei kein Wert gelegt, um das Interview bestmöglich an den Redefluss der zu Interviewenden anzupassen. Diese Entscheidung gewährleistet ein flüssiges und offenes Gespräch. Sofern eine Frage bereits im Rahmen einer vorherigen gestellten Frage beantwortet wurde, wird diese kein zweites Mal gestellt.

3.3 Auswertung der qualitativen Interviews

Die Reihenfolge der Auswertungen orientiert sich am Zeitpunkt der Durchführung des jeweiligen Interviews. Die in den Auswertungen getroffenen Annahmen, Meinungen, Erfahrungen etc. geben lediglich das Gesagte der Befragten aus den Interviews wieder. Ansichten des Autors dieser Arbeit finden in diesem Zusammenhang keine Berücksichtigung.

Die Angaben der Befragten beziehen sich ausschließlich auf das eigene Glücksspielverhalten. Angaben, die die Befragten als allgemeingültig sehen, werden dementsprechend gekennzeichnet. Nach jeder Auswertung werden die Kernaussagen der InterviewpartnerInnen zusammengefasst.

Um die Anonymität der Befragten sowie der jeweiligen Arbeitgeber zu gewährleisten, wird die genaue Anzahl der Spielhallen eines Unternehmens nicht bekannt gegeben. Es wird folgende Einteilung vorgenommen: 1–10 Spielhallen, 11–50 Spielhallen und mehr als 50 Spielhallen.

Die einzelnen Auswertungen sind inhaltlich nach den genannten Themengebieten geordnet.

3.3.1 Auswertung des Interviews mit Interviewpartnerin 1

Allgemeine Informationen

Die Interviewpartnerin ist zwischen 20 und 30 Jahre alt und absolvierte nach dem Fachabitur eine Berufsausbildung zur Fachkraft für Automatenservice. Seit 2012 ist die Interviewpartnerin in der Glücksspielbranche als Spielhallen-Servicekraft tätig.

Im Rahmen ihrer beruflichen Tätigkeit war sie in einem Unternehmen mit bis zu zehn Spielhallen angestellt. Derzeit arbeitet sie für ein Unternehmen mit mehr als 50 Spielhallen.

Entstehungsbedingungen des problematischen beziehungsweise pathologischen Glücksspielverhaltens

In Bezug auf die Entstehungsbedingungen des problematischen beziehungsweise pathologischen Glücksspielverhaltens wurden folgende Aussagen getroffen:

Zu Beginn der Tätigkeit als Spielhallen-Servicekraft sei es interessant gewesen, Spielern/Spielerinnen beim Spielen zuzuschauen. Inzwischen sei es eher uninteressant. Der Prozess der Spielbegleitung habe dementsprechend keine Auswirkungen (laut Interviewpartnerin). Weiterhin gebe es nur wenig GlücksspielerInnen, die Fragen bezüglich der Spiele stellen. Ein Großteil der SpielerInnen kenne die Funktionsweisen der Geldspielautomaten. Trinkgelder bekämen Spielhallen-Servicekräfte jedoch in der Regel nur, wenn SpielerInnen etwas gewinnen. Gewinnmöglichkeiten und -zeitpunkte könnten dabei nicht eingeschätzt oder vorhergesagt werden, weil die Ausschüttungen zufällig erfolgten. Vor der Nutzung eines Geldspielautomaten (durch die Spielhallen-Servicekraft) werde jedoch darauf geachtet, an welchem Geldspielautomaten wie viel verloren worden sei.

Während anfangs mit 20 bis 30 Euro und 20 Cent Spieleinsatz gespielt worden sei, habe sich der Einsatz mit der Zeit auf bis zu 80 Euro und 50 bis 60 Cent Spieleinsatz erhöht. In der Regel würden Trinkgelder als Spieleinsatz verwendet, da sie nicht als direkter Bestandteil der Einnahmen aus der beruflichen Tätigkeit angesehen würden. Teilweise würden aber auch Kasseninhalte für Glücksspiel genutzt. Die Aussicht auf hohe Gewinne sei das Hauptmotiv für Glücksspiel während der Arbeitszeit. Mit der Zeit werde es schwierig, das Glücksspiel zu unterlassen, da stets die Hoffnung bestehe Verluste zurück zu erspielen.

Das erste Mal sei nach circa sechs Monaten Berufstätigkeit aus Neugierde (während der Arbeitszeit) gespielt worden. Die Interviewpartnerin habe herausfinden wollen, wie es sich anfühle, zu spielen.

Suchtprävention durch den Arbeitgeber

Die Fragen zum Thema Suchtprävention ergaben folgende Antworten:

Spielhallen-Servicekräfte müssten regelmäßig an Schulungen zum Thema Suchtprävention teilnehmen. Die Schulungen seien auf Glücksspielproblematiken bei KundInnen ausgerichtet. Für glücksspielbezogene Probleme von Spielhallen-Servicekräften gebe es keine Schulungen.

Der erste Arbeitgeber der Interviewpartnerin wusste von der Glücksspielnutzung während der Arbeitszeit, da sie teilweise beim Glücksspiel ertappt wurde. Er bat sie, das Glücksspiel zu unterlassen.

Suchtpräventionen für KundInnen werden als „schwachsinnig“ angesehen. Suchtpräventionen hätten weder einen Zweck noch würden sie den Betroffenen helfen. Problematische beziehungsweise pathologische SpielerInnen würden zwar erkannt, Hilfestellungen seien jedoch nicht zielführend. Sofern Spielern/Spielerinnen mitgeteilt würde, dass sie sich Hilfe suchen sollten, spielten sie in Zukunft in einer anderen Spielhalle weiter.

Hilfreich zur Vermeidung von glücksspielbezogenen Problemen unter Angestellten seien harte arbeitsvertraglich festgelegte Regeln. Eine fristlose Kündigung werde als Grund zur Unterlassung von Glücksspiel (während der Arbeitszeit) anerkannt. Die Nutzung von Geldspielautomaten durch Spielhallen-Servicekräfte sei in diesem Zusammenhang abhängig vom Arbeitgeber.

Grundsätzlich seien die Gewinnwahrscheinlichkeiten und Ausschüttungsquoten von Interesse. Die Ausschüttungsquote sei gesetzlich höher festgelegt, als sie in Wirklichkeit erscheine.

Die Interviewpartnerin schätzt, dass 60 bis 70 Prozent der Spielhallen-Servicekräfte spielen. Davon hätten mindestens 40 Prozent glücksspielbezogene Probleme.

Auswirkungen der beruflichen Tätigkeit auf das Glücksspielverhalten

In Bezug auf die Auswirkungen der beruflichen Tätigkeit auf das Glücksspielverhalten gab die Interviewpartnerin folgende Antworten:

Vor der beruflichen Tätigkeit als Spielhallen-Servicekraft sei einmal an Geldspielautomaten gespielt worden. Die Spielhalle sei damals wegen des Billardspiels aufgesucht worden. Aus Interesse seien dabei zwei bis vier Euro in einen Geldspielautomaten geworfen worden.

In der Regel folge auf den verhältnismäßig niedrigen Einsatz ein Gewinn von zehn bis 20 Euro. Dart- und Billardspiele würden in Spielhallen angeboten, um NeukundInnen zu gewinnen. Durch kleine Gewinne würden NeukundInnen langsam an das Glücksspiel herangeführt.

Aufgrund der Tätigkeit als Spielhallen-Servicekraft sei dann regelmäßig gespielt worden. Der Beruf verführe zum Glücksspiel. Spielhallen-Servicekräfte würden erkennen, dass mit wenig Einsatz große Gewinne erzielt werden könnten. Aber es würden auch Verluste realisiert. In diesem Zusammenhang sei es wichtig, dass diese sich „die Waage halten".

Hauptsächlich werde während Leerlaufphasen und Schließzeiten gespielt. Das Spielen während der Leerlaufphasen nehme mit der Zeit jedoch ab, da es mit erhöhten Anstrengungen verbunden sei. KundInnenbesuche müssten frühzeitig erkannt werden, um das Spiel rechtzeitig zu beenden. Aus diesem Grund werde das Glücksspiel während der Schließzeiten bevorzugt. Geldspielautomaten würden ausschließlich am eigenen Arbeitsplatz genutzt. Andere Glücksspielorte und -formen würden nicht verwendet.

Die Spielfrequenz und Einsatzhöhe hingen von den zur Verfügung stehenden finanziellen Mitteln sowie von „Lust und Laune" ab. Bei hohen Trinkgeldern werde dementsprechend intensiver gespielt. Während zeitweise wenig bis gar nicht gespielt werde, gebe es auch Wochen, in denen Geldspielautomaten mehrmals genutzt würden.

In der Regel werde bei negativen Gefühlszuständen gespielt, um eine Ablenkung beziehungsweise ein „Runterkommen" zu erzielen. Auch die KollegInnen spielten während und nach der Arbeitszeit. Diese Tatsache sei allen Angestellten bekannt.

Durch die berufliche Tätigkeit hätten sich Freundschaften mit KundInnen entwickelt. Aufgrund der gemeinsamen Interessen und „Aufgaben" entstünden verhältnismäßig schnell freundschaftliche Verhältnisse zwischen KundInnen und Angestellten. Mit einigen KundInnen fänden Treffen außerhalb der Spielhalle statt.

Die Interviewpartnerin sieht es als problematisch an, in einer Spielhalle zu arbeiten und in der Freizeit zu spielen. Sie geht davon aus, dass das Spielverhalten der Angestellten ohne Einschränkungen vonseiten des Arbeitgebers „extrem ausarten" würde. Als Grund nennt sie vor allem die hohen Geldbeträge, mit denen täglich gearbeitet werde.

„Teufelskreis Arbeitsplatz: Kein Entkommen aus der Gefahrenzone"

Der Fragenblock „Teufelskreis Arbeitsplatz: Kein Entkommen aus der Gefahrenzone" lieferte folgende Auskünfte:

Die glücksspielbezogenen Probleme seien realisiert worden, als der Kasseninhalt der Spielhalle komplett verspielt gewesen sei und privat kein Geld mehr zur Verfügung gestanden habe, um die Kasse wieder auszugleichen. In dieser Situation sei dem Arbeitgeber von dem Problem berichtet worden.

Seitdem die Spielhallen-Servicekraft den Betrieb gewechselt habe, spiele sie nicht mehr. Bei dem jetzigen Arbeitgeber gebe es harte arbeitsvertraglich festgelegte Regeln, die Glücksspiel während der Arbeitszeit untersagten. Eine fristlose Kündigung werde als Grund zur Unterlassung von Glücksspiel (während der Arbeitszeit) anerkannt. Den Angestellten des jetzigen Arbeitgebers seien mehrere Fälle von fristlosen Entlassungen aufgrund von Glücksspiel während der Arbeitszeit bekannt, was die Hemmschwelle erhöhe. Die Nutzung von Geldspielautomaten (während der Arbeitszeit) sei abhängig vom Arbeitgeber.

Finanzieller Hintergrund und berufliche Alternativen der Spielhallen-Servicekraft

Die Fragen zum finanziellen Hintergrund und zu den beruflichen Alternativen der Spielhallen-Servicekraft ergaben folgende Ergebnisse:

Es bestanden Schulden bei dem ersten Arbeitgeber aufgrund von glücksspielbezogenen Problemen. Die finanziellen Verbindlichkeiten beliefen sich auf circa 200 Euro. Professionelle Hilfeangebote wurden nicht wahrgenommen.

Die Interviewpartnerin schätzt ihre beruflichen Alternativen aufgrund der Branchenzugehörigkeit und ihrer Berufsausbildung als eher gering ein. Sie kennt derzeit keine beruflichen Alternativen und möchte weiter in Spielhallen arbeiten.

Die Interviewpartnerin gibt ein positives Feedback. Sie empfindet das Interview als angenehm und hat keine Angaben zu ergänzen.

3.3.1.1 Die Kernaussagen

1. Durch die Tätigkeit als Spielhallen-Servicekraft wird die Nutzung von Geldspielautomaten wahrscheinlich.
2. Die Spielhallen-Servicekraft kann Gewinnmöglichkeiten und -zeitpunkte nicht einschätzen. Aber sie achtet darauf, an welchen Geldspielautomaten viel verloren wurde, bevor sie selbst spielt. Die Gewinnmöglichkeiten werden als besonders reizvoll erachtet.
3. Die Interviewpartnerin betreibt Glücksspiel ausschließlich am eigenen Arbeitsplatz. Es wird während Leerlaufphasen und Schließzeiten gespielt.
4. Die Spielhallen-Servicekraft versteht sich mit KundInnen, da sich die Interessen und „Aufgaben“ überschneiden.
5. Es werden Trinkgelder und Kasseninhalte für Glücksspiel genutzt. Trinkgelder werden nicht als direkter Bestandteil der Einnahmen aus der beruflichen Tätigkeit angesehen.
6. Es gibt keine Suchtpräventionsangebote zum Schutz von Spielhallen-Servicekräften.
7. Suchtpräventionen für KundInnen werden als „schwachsinnig“ wahrgenommen. Laut der Interviewpartnerin handelt es sich um „Show und Getue, womit niemanden geholfen wird“.
8. Hilfreich zur Vermeidung von glücksspielbezogenen Problemen unter Angestellten sind harte arbeitsvertraglich festgelegte Regeln. Eine fristlose Kündigung wird als Grund zur Unterlassung von Glücksspiel (während der Arbeitszeit) anerkannt.
9. Die Nutzung von Geldspielautomaten (während der Arbeitszeit) ist abhängig vom Arbeitgeber.
10. Es wird geschätzt, dass 60 bis 70 Prozent der Spielhallen-Servicekräfte spielen. Davon haben 40 Prozent glücksspielbezogene Probleme.

3.3.2 Auswertung des Interviews mit Interviewpartnerin 2

Allgemeine Informationen

Die Interviewpartnerin ist zwischen 40 und 50 Jahre alt und hat die Schule bis zur 11. Klasse im außereuropäischen Ausland besucht. Ansonsten hat sie keine Aus- oder Weiterbildungen absolviert. Sie war zehn Jahre in der Glücksspielbranche als Spielhallen-Servicekraft tätig.

Im Rahmen ihrer beruflichen Tätigkeit war sie in einem Unternehmen mit bis zu zehn Spielhallen angestellt. Aufgrund einer Kündigung wegen glücksspielbezogenen Problemen arbeitet sie derzeit in einem Callcenter.

Entstehungsbedingungen des problematischen beziehungsweise pathologischen Glücksspielverhaltens

In Bezug auf die Entstehungsbedingungen des problematischen beziehungsweise pathologischen Glücksspielverhaltens wurden folgende Aussagen getroffen:

Zu Beginn der beruflichen Tätigkeit sei es interessant gewesen, Glücksspielern/Glücksspielerinnen beim Spielen zuzuschauen. Bei überschwänglicher Euphorie der SpielerInnen seien vor allem die erzielten Gewinne von Interesse. Mit der Zeit würden Spielhallen-Servicekräfte die Geräusche, die durch die jeweiligen Gewinne entstünden, kennen.

Das erste Mal sei mit Geldern von KundInnen gespielt worden. Der Spieleinsatz sei dabei durch die KundInnen finanziert worden. Da die Interviewpartnerin vorher noch nie an Geldspielautomaten gespielt habe, hätten die KundInnen ihr die Funktionsweisen und Spiele erklärt. Als Motive für das erstmalige Spielen werden Langeweile und Neugierde genannt.

Aber auch Gewinne gälten als besonders reizvoll. Anfangs werde mit geringen Geldeinsätzen gespielt (fünf bis zehn Cent). Diese würden mit der Zeit gesteigert, um höhere Gewinne zu erzielen. Die Spieleinsätze setzten sich aus Trinkgeldern, Kasseninhalten, geliehenem Geld, Geldern von KundInnen („Glücksgeld") und dem eigenen Geld zusammen.

Gewinnmöglichkeiten und -zeitpunkte könnten nicht eingeschätzt werden. Sofern an einem Geldspielautomaten jedoch ein höherer Gewinn erzielt werde, sollte an einem anderen Gerät weitergespielt werden.

Die Spielberatung erfolge sowohl von Spielhallen-Servicekräften für KundInnen als auch von KundInnen für Spielhallen-Servicekräfte. Im Rahmen der Spielbegleitung würden Gelder vorgebucht und Gewinne vorzeitig ausgezahlt, um Trinkgelder zu erhalten.

Es sei nicht möglich, das Glücksspiel zu beenden, da die Interviewpartnerin die gleichen Gewinne wie die SpielerInnen zu erzielen wünschte.

Suchtprävention durch den Arbeitgeber

Die Fragen zum Thema Suchtprävention ergaben folgende Antworten:

Suchtprävention habe in der Regel keinen Sinn. Flyer würden von Spielern/Spielerinnen nicht gewünscht. Während der gesamten beruflichen Tätigkeit als Spielhallen-Servicekraft sei kein Flyer verteilt beziehungsweise kein solcher von den Spielern/Spielerinnen mitgenommen worden.

Auch Therapiemaßnahmen seien nicht zielführend, da die SpielerInnen die Spielhalle nach der Therapie wieder aufsuchten. „Ich glaube nicht, dass das alles was bringt."

Um Glücksspiel bei Mitarbeitern/Mitarbeiterinnen in Spielhallen zu verhindern, müsste der Arbeitgeber mehr Geld zahlen, wobei der Spieldrang in langen Schichten dadurch höchstwahrscheinlich ausarten würde. Der Mensch sei darauf programmiert, ebenfalls spielen zu wollen, wenn er über mehrere Stunden den Spielablauf bei anderen Spielern/Spielerinnen mitverfolgte. „Man hat keine Wahl. Ich weiß nicht, was für ein Mensch man sein muss, dass man in der Spielo arbeitet und nicht spielt."

Die Interviewpartnerin benötige keine weiteren Informationen über Geldspielautomaten, da sie bereits über alle notwendigen verfüge. Sie geht davon aus, dass 85 Prozent der Spielhallen-Servicekräfte spielen. Davon hätten 80 Prozent glücksspielbezogene Probleme.

Auswirkungen der beruflichen Tätigkeit auf das Glücksspielverhalten

In Bezug auf die Auswirkungen der beruflichen Tätigkeit auf das Glücksspielverhalten gab die Interviewpartnerin folgende Antworten:

Vor der beruflichen Tätigkeit habe es keinen Kontakt mit Geldspielautomaten und Spielhallen gegeben. Es sei weder gespielt worden noch habe Interesse am Glücksspiel bestanden. Im Rahmen der beruflichen Tätigkeit sei erstmals Geld in Geldspielautomaten geworfen worden.

Es werde ausschließlich am eigenen Arbeitsplatz gespielt. Es würden vor allem Leerlaufphasen und Schließzeiten für das Glücksspiel genutzt. KundInnen gingen teilweise davon aus, dass Spielhallen-Servicekräfte in der Lage seien, Gewinnmöglichkeiten und -zeitpunkte einzuschätzen. Um nicht beim Arbeitgeber gemeldet zu werden, dürfe bei Anwesenheit dieser KundInnen nicht gespielt werden. In diesen Situationen verbleibe das Geld im Geldspielautomaten, bis die KundInnen die Spielhalle wieder verließen. Grundsätzlich wird das Glücksspiel bei geschlossener Spielhalle als angenehmer wahrgenommen.

Während der beruflichen Tätigkeit werde täglich an Geldspielautomaten gespielt. Andere Glücksspielformen würden nicht genutzt. Da die KollegInnen auch spielten, bestehe die Möglichkeit, sich gegenseitig zu decken und einander zu helfen.

„Teufelskreis Arbeitsplatz: Kein Entkommen aus der Gefahrenzone"

Der Fragenblock „Teufelskreis Arbeitsplatz: Kein Entkommen aus der Gefahrenzone" lieferte folgende Auskünfte:

Glücksspielbezogene Probleme seien festgestellt worden, als Rechnungen nicht mehr hätten bezahlt werden können. Darauf sei das Glücksspiel für einen kurzen Zeitraum eingestellt worden.

Die Interviewpartnerin sei fristlos gekündigt worden, als sie in einer Schicht den gesamten Kasseninhalt verspielt habe. Nach dem Einschalten eines Rechtsanwalts habe ein Aufhebungsvertrag ausgehandelt werden können.

Finanzieller Hintergrund und berufliche Alternativen der Spielhallen-Servicekraft

Die Fragen zum finanziellen Hintergrund und zu den beruflichen Alternativen der Spielhallen-Servicekraft ergaben folgende Ergebnisse:

Sie habe zeitweise hohe Schulden aufgrund von glücksspielbezogenen Problemen gehabt. Es sei keine professionelle Hilfe wahrgenommen worden und auch derzeit werde gelegentlich gespielt.

Eine berufliche Alternative sei die Arbeit im Callcenter, wo die Interviewpartnerin derzeit tätig sei. Ansonsten seien ihr keine beruflichen Alternativen bekannt. Als Hauptursache für den Mangel an beruflichen Alternativen wird das Alter genannt.

Die Interviewpartnerin gibt ein positives Feedback. Sie empfindet das Interview als angenehm und hat keine Informationen hinzuzufügen.

3.3.2.1 Die Kernaussagen

1. Die Spielberatung erfolgt sowohl von Spielhallen-Servicekräften für KundInnen als auch von KundInnen für Spielhallen-Servicekräfte.
2. Geld wird durch Spielhallen-Servicekräfte vorgebucht und vorzeitig ausgezahlt, um Trinkgelder zu erhalten.
3. Das erste Mal wurde mit Geldern von KundInnen gespielt. Der Spieleinsatz wurde durch die KundInnen finanziert.
4. Die Spielhallen-Servicekraft kann Gewinnmöglichkeiten und -zeitpunkte nicht einschätzen. Sofern an einem Geldspielautomaten ein höherer Gewinn erzielt wird, sollte jedoch ein anderer Geldspielautomat bespielt werden.
5. Die Gewinne gelten als besonders reizvoll.
6. Es wird mit Trinkgeldern, Kasseninhalten, geliehenem Geld, geschenkten Spieleinsätzen von KundInnen und dem eigenen Geld gespielt.
7. Suchtpräventionen für KundInnen haben keinen Sinn. Für MitarbeiterInnen in Spielhallen sind keine Suchtpräventionsmaßnahmen vorhanden.

8. Durch die Tätigkeit als Spielhallen-Servicekraft ist es unmöglich, nicht zu spielen. Der Mensch ist darauf programmiert, ebenfalls spielen zu wollen, wenn er über mehrere Stunden den Spielablauf bei anderen Spielern/Spielerinnen mitverfolgt. „Man hat keine Wahl."
9. Die Interviewpartnerin betreibt Glücksspiel ausschließlich am eigenen Arbeitsplatz. Es wird während der Arbeitszeit und Schließzeiten gespielt. KundInnen gehen teilweise davon aus, dass Spielhallen-Servicekräfte in der Lage sind, Gewinnmöglichkeiten und -zeitpunkte einzuschätzen.
10. Es wird geschätzt, dass 85 Prozent der Spielhallen-Servicekräfte spielen. Davon haben 80 Prozent glücksspielbezogene Probleme.

3.3.3 Auswertung des Interviews mit Interviewpartner 3

Allgemeine Informationen
Der Interviewpartner ist zwischen 20 und 30 Jahre alt und absolviert derzeit berufsbegleitend ein wirtschaftswissenschaftliches Studium.

Er ist seit vier Jahren in der Glücksspielbranche als Spielhallen-Servicekraft tätig und ist in einem Unternehmen mit bis zu zehn Spielhallen angestellt.

Entstehungsbedingungen des problematischen beziehungsweise pathologischen Glücksspielverhaltens
In Bezug auf die Entstehungsbedingungen des problematischen beziehungsweise pathologischen Glücksspielverhaltens wurden folgende Aussagen getroffen:

Zu Beginn der Berufstätigkeit sei das Zuschauen bei anderen Spielern/Spielerinnen uninteressant gewesen. Mit der Zeit habe sich ein stärkeres Interesse daran entwickelt. SpielerInnen kämen auf die Spielhallen-Servicekraft zu und bäten sie darum, „mitzufiebern". Da Gewinne mit Trinkgeldern verbunden seien, werde vermehrt mitgefiebert. „Man hat dadurch selber auch Gewinnmöglichkeiten."

Durch die Partizipation am Prozess des Spielens entwickele sich das Gefühl, dass gemeinsam mit den KundInnen gespielt werde. Spielhallen-Servicekräfte realisierten mit der Zeit, wie schnell mit kleinen Einsätzen große Gewinne erzielt werden könnten. Während anfangs Zwei-Euro-Münzen (von der Spielhallen-Servicekraft) investiert würden, steigerten sich die Einsätze jedoch mit der Zeit. Zudem seien Erinnerungen an Gewinne präsenter als jene an Verluste.

Weiterhin könnten Gewinnmöglichkeiten und -zeitpunkte teilweise eingeschätzt werden. Es bestehe die Annahme, dass Geldeinsätze, die in den vergangenen ein bis zwei Stunden an einem Gerät verloren worden seien, danach wieder ausgegeben würden.

Es werde mit Kasseninhalten, Trinkgeldern, geliehenen Geldern und dem eigenen Geld gespielt. Trinkgelder seien teilweise (in Bezug auf das Einkommen) verhältnismäßig hoch, sodass ein großer Teil des Glücksspiels (anfangs) mit Trinkgeldern finanziert werden könne.

Die Hauptmotive zu Beginn der Spielerkarriere seien Geldgewinne und die Ablenkung. Im weiteren Verlauf werde auch zur Entspannung und zum Vergnügen gespielt.

Suchtprävention durch den Arbeitgeber

Die Fragen zum Thema Suchtprävention ergaben folgende Antworten:

Für Spielhallen-Servicekräfte gebe es keine Suchtpräventionsmaßnahmen. Um Glücksspiel bei Mitarbeitern/Mitarbeiterinnen zu verhindern, sollte mit sofortigen Ermahnungen und anschließenden Kündigungen gearbeitet werden.

Suchtpräventionen für KundInnen seien richtig und gut, aber nicht zielführend, da vonseiten der KundInnen kein Interesse bestehe.

Auswirkungen der beruflichen Tätigkeit auf das Glücksspielverhalten

In Bezug auf die Auswirkungen der beruflichen Tätigkeit auf das Glücksspielverhalten gab der Interviewpartner folgende Antworten:

Vor der Tätigkeit in einer Spielhalle habe nur bedingt Kontakt mit Glücksspiel bestanden, da Personen aus dem Freundeskreis gespielt hätten. Ein wirkliches Interesse habe sich jedoch erst durch den Beruf entwickelt.

Für Spielhallen-Servicekräfte sei es von besonderer Relevanz, KundInnen gut zu kennen. Auf diese Weise könne abgeschätzt werden, wo und wann hohe Trinkgelder erzielt werden könnten. KundInnen gingen teilweise davon aus, dass Spielhallen-Servicekräfte in der Lage seien, Gewinnmöglichkeiten und -zeitpunkte zu erkennen. Ein Grund dafür seien beispielsweise zufällig richtig gegebene Spiel- und Automatenempfehlungen. Dieses Wissen könne in Bezug auf das Trinkgeld gewinnbringend verwendet werden. Von bestimmten KundInnen sollten sich Spielhallen-Servicekräfte (aus diesem Grund) jedoch nicht beim Spielen ertappen lassen, da diese in Zorn geraten und es dem Arbeitgeber mitteilen würden. „Es werden halt Gewinne, die den KundInnen zustehen, weggeschnappt."

Es werde in anderen Spielhallen und am eigenen Arbeitsplatz gespielt. In Zeiten höheren Aufkommens von KundInnen setzten Personen aus dem Freundes- und Kundenkreis Gelder für die Spielhallen-Servicekraft. Die FreundInnen und KundInnen befolgten dabei die Anweisungen der Spielhallen-Servicekraft.

Es werde mindestens viermal in der Woche gespielt. Spieleinsätze seien dabei auch von den Gewinnen der vorherigen Tage abhängig. Teilweise sei folgende

Erwartung ausschlaggebend: „Hey, ich habe jetzt ein gutes Gefühl. Ich gewinne jetzt.“

Es werde häufig zusammen mit FreundInnen gespielt. Auf diese Weise könnten Verluste durch die Gewinne eines Freundes/einer Freundin ausgeglichen werden. Es gebe dementsprechend eine gemeinsame Spielkasse. Mit der Zeit habe die Spielhallen-Servicekraft realisiert, dass sie durch ihre Berufserfahrung häufiger gewinne. Seit diesem Zeitpunkt habe er dauerhaft alleine gespielt.

Im Allgemeinen würden bis auf wenige Ausnahmen ausschließlich Geldspielautomaten für Glücksspiel verwendet. Einige KollegInnen wüssten, dass die Spielhallen-Servicekraft spiele, da man einander in anderen Spielhallen begegnete.

„Teufelskreis Arbeitsplatz: Kein Entkommen aus der Gefahrenzone“

Der Fragenblock „Teufelskreis Arbeitsplatz: Kein Entkommen aus der Gefahrenzone“ lieferte folgende Auskünfte:

Glücksspielbezogene Probleme seien erkannt worden, als mehr als geplant verspielt worden sei. In diesem Zusammenhang sei es zum Beispiel wichtig gewesen, schnellstmöglich Geld aufzutreiben, um die Kasse vor Schichtende wieder ausgleichen zu können. Die Spielhallen-Servicekraft habe ihre Anstellung bisher nicht verloren.

Finanzieller Hintergrund und berufliche Alternativen der Spielhallen-Servicekraft

Die Fragen zum finanziellen Hintergrund und zu den beruflichen Alternativen der Spielhallen-Servicekraft ergaben folgende Ergebnisse:

Es hätten Schulden im Freundes- und Familienkreis aufgrund von glücksspielbezogenen Problemen bestanden. Professionelle Hilfe sei jedoch nicht in Anspruch genommen worden.

Berufliche Alternativen beschränkten sich derzeit auf ähnliche Tätigkeiten. Nach dem Studium werde eine Anstellung bei einem großen Wirtschaftsunternehmen in gehobener Position angestrebt.

Der Interviewpartner gibt ein positives Feedback. Er empfindet das Interview als angenehm und hat keine weiteren Aspekte zu ergänzen.

3.3.3.1 Die Kernaussagen

1. Mit der Zeit steigt das Interesse an der Spielbeobachtung, da realisiert wird, dass Gewinne der KundInnen mit Trinkgeldern verbunden sind.
2. Es wird am eigenen Arbeitsplatz und in anderen Spielhallen gespielt.

3. Während der Arbeitszeit setzen Personen aus dem Freundes- und KundInnenkreis das Geld für die Spielhallen-Servicekraft. Dabei wird gemäß den Anweisungen der Spielhallen-Servicekraft gespielt.
4. Durch die intensive Spielpartizipation steigt das Interesse am Prozess des Spielens. „Weil man die Dinge fast selber mitgemacht hat."
5. Spielhallen-Servicekräfte realisieren mit der Zeit, wie schnell mit kleinen Einsätzen große Gewinne erzielt werden können.
6. Es wird teilweise davon ausgegangen, Gewinnmöglichkeiten und -zeitpunkte einschätzen zu können. „Wenn ein Spieler länger gespielt hat, dann besteht die Möglichkeit, dass das Gerät das Geld, das eingeworfen wurde, wieder rausgibt."
7. Es wird mit dem eigenen Geld, Kasseninhalten, Trinkgeldern und geliehenem Geld gespielt.
8. Die Erinnerungen an die Gewinne sind präsenter als jene an die Verluste.
9. Suchtprävention für KundInnen ist richtig und gut, aber nicht zielführend, da vonseiten der KundInnen kein Interesse besteht.
10. Der Interviewpartner geht davon aus, dass 40 Prozent der Spielhallen-Servicekräfte spielen. Davon haben 30 Prozent glücksspielbezogene Probleme.

3.4 Kernaussagen der Erhebung

Zur Veranschaulichung der Kernaussagen wurden diese in vier verschiedene Themenbereiche unterteilt, die das Gesagte aus den drei qualitativen Interviews zum Ausdruck bringen:

- Auswirkung der beruflichen Tätigkeit auf das Glücksspielverhalten,
- Orte, Zeitpunkte und Gelder für das Glücksspiel,
- Suchtprävention,
- Schätzungen der InterviewpartnerInnen.

Zwischen den einzelnen Themenbereichen sind Überschneidungen möglich. Die Darstellung der Kernaussagen gibt lediglich die Meinungen, Erfahrungen, Ideen etc. von drei Spielhallen-Servicekräften wieder. Die Aussagen sind weder als allgemeingültig noch als Meinung des Autors dieser Arbeit zu verstehen. Anhand dieser Aussagen wurde der Fragebogen für die quantitative Erhebung mit den entsprechenden Fragen und Antwortmöglichkeiten, die für eine bessere Übersichtlichkeit in Kästen dargestellt werden, entwickelt.

Die Quelle der jeweiligen Aussagen wird in Klammern angegeben. Wenn InterviewpartnerInnen nicht als Quelle genannt werden, bedeutet das nicht zwangsläufig, dass sie der entsprechenden Aussage nicht zustimmen würden, sondern lediglich, dass diese Aussage im Rahmen des jeweiligen Interviews nicht gemacht wurde.

Auswirkungen der beruflichen Tätigkeit auf das Glücksspielverhalten
Durch die Tätigkeit als Spielhallen-Servicekraft werde die Nutzung von Geldspielautomaten wahrscheinlicher (*InterviewpartnerIn 1, 2 & 3*). Mit der Zeit steige das Interesse an der Spielbeobachtung, da realisiert werde, dass Gewinne der KundInnen mit Trinkgeldern verbunden seien (*Interviewpartner 3*). Außerdem könnten Trinkgelder durch das Vorbuchen von Geldern und das vorzeitige Auszahlen von Gewinnen erzielt werden (*Interviewpartnerin 2*). Zwischen KundInnen und Spielhallen-Servicekräften bestehe ein gutes Verhältnis, da sich ihre Interessen und „Aufgaben" überschnitten (*Interviewpartnerin 1*). Spielberatungen erfolgten sowohl von Spielhallen-Servicekräften für KundInnen als auch von KundInnen für Spielhallen-Servicekräfte (*Interviewpartnerin 2*).

Durch die intensive Spielpartizipation entstehe ein Gefühl des „Mitspielens" (*Interviewpartner 3*). Es sei fast unmöglich, nicht zu spielen, da der Mensch darauf programmiert sei, ebenfalls spielen zu wollen, wenn er über mehrere Stunden den Spielablauf bei anderen Spielern/Spielerinnen mitverfolgte (*Interviewpartnerin 2*). Dabei sei zu erkennen, dass mit kleinen Einsätzen verhältnismäßig schnell große Gewinne erzielt werden könnten. Weiterhin seien die Erinnerungen an Gewinne präsenter als die an Verluste (*Interviewpartner 3*).

Diese Informationen werden in dem Fragebogen mit den Fragen 12, 18 und 19 abgefragt. Während sich die Frage 12 auf die mit den Gewinnen verbundenen Trinkgelder bezieht (s. Abb. 6), wird in den Fragen 18 und 19 danach gefragt, ob die Tätigkeit als Spielhallen-Servicekraft die TeilnehmerInnen oder andere Angestellte zum Spielen an Geldspielautomaten verleitet (s. Abb. 7).

12. Ist es wichtig, dass Spieler gewinnen, damit Sie Trinkgelder bekommen?
(Bitte kreuzen Sie eine Antwortmöglichkeit an.)
- ☐ Ich weiß es nicht
- ☐ Ja
- ☐ Eher ja
- ☐ Eher nein
- ☐ Nein

Abbildung 6: Frage 12

18. Verleitet die Tätigkeit der Spielhallen-Servicekraft Sie zum Spielen an Geldspielautomaten?
(Bitte kreuzen Sie eine Antwortmöglichkeit an.)
- ☐ Ich weiß es nicht
- ☐ Ja
- ☐ Eher ja
- ☐ Eher nein
- ☐ Nein

19. Verleitet die Tätigkeit der Spielhallen-Servicekraft andere Angestellte zum Spielen an Geldspielautomaten?
(Bitte kreuzen Sie eine Antwortmöglichkeit an.)
- ☐ Ich weiß es nicht
- ☐ Ja
- ☐ Eher ja
- ☐ Eher nein
- ☐ Nein

Abbildung 7: Fragen 18 und 19

In diesem Zusammenhang werde teilweise davon ausgegangen, dass sich Gewinnmöglichkeiten und -zeitpunkte mithilfe der Berufserfahrung einschätzen ließen. Es wird vermutet, dass Gelder schon nach kurzen Verlustphasen (ein bis zwei Stunden) wieder ausgeschüttet würden (*Interviewpartner 3*). Auch wenn die Interviewpartnerinnen 1 und 2 erklären, Gewinnmöglichkeiten und -zeitpunkte nicht einschätzen zu können, erachten sie es dennoch als wichtig, den Spielablauf an den einzelnen Geldspielautomaten zu verfolgen, um die Wahrscheinlichkeit eines Gewinns zu erhöhen.

Dieser Themenbereich wird im Fragebogen mit den Fragen 8, 9 und 10 dargestellt. In den Fragen wird sowohl nach der Einschätzung von Gewinnmöglichkeiten und -zeitpunkten als auch nach der Auswahl von Geldspielautomaten (in Abhängigkeit von den letzten Gewinnen und Verlusten) gefragt. In Frage 11 wird in diesem Zusammenhang auf kognitive Verzerrungen (unter Anwendung des Gamblers Beliefs Questionnaire) eingegangen.

8. Können Sie Gewinnmöglichkeiten an Geldspielautomaten mithilfe Ihrer Berufserfahrung einschätzen?
(Bitte kreuzen Sie eine Antwortmöglichkeit an.)
   - ☐ Ich weiß es nicht
   - ☐ Ja
   - ☐ Eher ja
   - ☐ Eher nein
   - ☐ Nein

9. Können Sie Gewinnzeitpunkte an Geldspielautomaten mithilfe Ihrer Berufserfahrung einschätzen?
(Bitte kreuzen Sie eine Antwortmöglichkeit an.)
   - ☐ Ich weiß es nicht
   - ☐ Ja
   - ☐ Eher ja
   - ☐ Eher nein
   - ☐ Nein

10. Ein Spieler möchte einen Gewinn erzielen. Sollte er bei der Auswahl eines Geldspielautomaten auf die letzten Gewinne und Verluste des jeweiligen Geräts achten?
(Bitte kreuzen Sie eine Antwortmöglichkeit an.)
   - ☐ Ich weiß es nicht
   - ☐ Ja
   - ☐ Eher ja
   - ☐ Eher nein
   - ☐ Nein

11. Bewerten Sie, inwieweit Sie den Aussagen zustimmen oder nicht zustimmen. Diese Aussagen beziehen sich auf alle Glücksspielformen.
(Bitte kreuzen Sie bei jeder Aussage eine Zahl an.)

	Stimmt gar nicht			neutral			Stimmt voll-kommen
Ich sehe Glücksspiel als eine Herausforderung an.	1	2	3	4	5	6	7
Ich sollte die Übersicht über vorangegangene erfolgreiche Strategien behalten, um so herauszufinden, wie ich in der Zukunft spielen sollte.	1	2	3	4	5	6	7
Mein Wissen und Können beim Glücksspiel beeinflussen die Wahrscheinlichkeit, dass ich Geld machen werde.	1	2	3	4	5	6	7
Glücksspiel ist mehr als reines Glück.	1	2	3	4	5	6	7
Meine Entscheidungen oder Handlungen wirken sich auf das Spiel, bei dem ich gesetzt habe, aus.	1	2	3	4	5	6	7
Meine Siege beim Glücksspiel zeugen davon, dass ich über Können und Wissen im Bereich des Glücksspiels verfüge.	1	2	3	4	5	6	7
Ich habe mehr Können und Wissen im Bereich des Glücksspiels als die meisten Leute, die spielen.	1	2	3	4	5	6	7
Ich habe eine „Glückstechnik", die ich beim Spielen anwende.	1	2	3	4	5	6	7

Abbildung 8: Fragen 8, 9, 10 und 11

Gewinnmöglichkeiten, Langeweile und Vergnügen seien die Hauptmotive für die Nutzung des Glücksspiels am eigenen Arbeitsplatz (*InterviewpartnerIn 1, 2 & 3*).

Die Glücksspielmotive von Spielhallen-Servicekräften werden mit der Frage 20 eruiert.

20. Warum spielen Sie an Geldspielautomaten?
(Mehrere Antworten möglich. Bitte kreuzen Sie an. Wenn Sie „Sonstiges" ankreuzen, nennen Sie bitte den Grund für die Nutzung von Glücksspiel.)

- ☐ Ich spiele nicht
- ☐ Geldgewinn
- ☐ Geselligkeit
- ☐ Entspannung
- ☐ Ich kenne mich aus
- ☐ Ablenkung
- ☐ Ungestört sein
- ☐ Sonstiges:____________________________

Abbildung 9: Frage 20

Orte, Zeitpunkte und Gelder für das Glücksspiel

Glücksspiel werde am eigenen Arbeitsplatz während Leerlaufphasen und Schließzeiten betrieben (*InterviewpartnerIn 1, 2 & 3*). Bei Aufkommen von KundInnen setzten Personen aus dem Freundes- und KundInnenkreis das Geld für die Spielhallen-Servicekraft. Dabei werde gemäß den Anweisungen der Spielhallen-Servicekraft gespielt (*Interviewpartner 3*). Bestimmte KundInnen sollten nicht erfahren, dass Spielhallen-Servicekräfte am eigenen Arbeitsplatz spielen, da diese sonst möglicherweise davon ausgingen, dass Servicekräfte in der Lage seien, Gewinnmöglichkeiten und -zeitpunkte einzuschätzen. Diese KundInnen meldeten daher spielende Servicekräfte bei deren Arbeitgebern, damit die Gewinne nicht „weggeschnappt" würden (*InterviewpartnerIn 2 & 3*). Interviewpartner 3 gibt an, auch in anderen Spielhallen zu spielen.

Es werde mit dem eigenen Geld, Kasseninhalten, Trinkgeldern (*InterviewpartnerIn 1, 2 & 3*), geliehenem Geld (*InterviewpartnerIn 2 & 3*) und geschenkten Spieleinsätzen von KundInnen (*Interviewpartnerin 2*) gespielt. Trinkgelder würden nicht als direkter Bestandteil der Einnahmen aus der beruflichen Tätigkeit wahrgenommen (*Interviewpartnerin 1*).

Diese Aussagen werden in der quantitativen Erhebung mit den Fragen 15 und 17 überprüft. Während in Frage 15 auf die Orte für die Nutzung von Geldspielautomaten eingegangen wird, bezieht sich Frage 17 auf die Herkünfte der Spieleinsätze.

15. Wo nutzen Sie Geldspielautomaten?
(Mehrere Antworten möglich. Bitte kreuzen Sie an. Wenn Sie „Sonstiges" ankreuzen, nennen Sie bitte den Ort, an dem Sie Geldspielautomaten nutzen.)

- ☐ Gar nicht
- ☐ An meinem Arbeitsplatz
- ☐ In anderen Spielhallen
- ☐ Gaststätten
- ☐ Imbiss-/ Dönerbuden
- ☐ Kiosk
- ☐ Internet-Café
- ☐ In einem Verein
- ☐ Sonstiges:____________________

Abbildung 10: Frage 15

17. Woher stammt das Geld, mit dem Sie an Geldspielautomaten spielen?
(Mehrere Antworten möglich. Bitte kreuzen Sie an. Wenn Sie „Sonstiges" ankreuzen, nennen Sie bitte die Herkunft ihrer Spieleinsätze.)

- ☐ Ich spiele nicht
- ☐ Trinkgelder
- ☐ Geld aus der Kasse meiner Spielhalle
- ☐ Geld von Kunden (geschenkte Spieleinsätze)
- ☐ Geliehenes Geld
- ☐ Mein eigenes Geld
- ☐ Sonstiges:____________________

Abbildung 11: Frage 17

Suchtprävention

Es gebe keine Suchtprävention für Spielhallen-Servicekräfte (*InterviewpartnerIn 1, 2 & 3*). Die Interviewpartnerinnen 1 und 2 erachten Suchtprävention für KundInnen als „schwachsinnig" und „sinnlos". Es handele sich hierbei um „Show und Getue", womit niemandem geholfen würde.

Interviewpartner 3 nimmt Suchtpräventionen als richtig und gut wahr. Er hält sie jedoch für nicht zielführend, da vonseiten der KundInnen kein Interesse daran bestehe.

Zur Vermeidung von glücksspielbezogenen Problemen bei Mitarbeitern/Mitarbeiterinnen in einer Spielhalle bedürfe es strikter arbeitsvertraglich festgelegter Regeln. Es sollte mit sofortigen Ermahnungen gearbeitet werden. Weiterhin wird eine fristlose Kündigung als ein Grund für die Unterlassung von Glücksspiel (während der Arbeitszeit) wahrgenommen (*InterviewpartnerIn 1 & 3*). Die Nutzung von Geldspielautomaten während der Arbeitszeit sei abhängig vom Arbeitgeber (*Interviewpartnerin 1*).

Das Thema Suchtprävention wird in dem Fragebogen im Fragenblock „Suchtprävention" abgefragt. Dabei wird sowohl auf Maßnahmen der Suchtprävention für KundInnen (Frage 24) als auch für Angestellte (Frage 25) eingegangen. Die Einstellung der TeilnehmerInnen bezüglich Suchtprävention für KundInnen wird mit Frage 26 abgefragt. Unter Frage 27 werden die Folgen für spielende Angestellte eruiert.

24. Gibt es Maßnahmen der Suchtprävention für Kunden Ihres Unternehmens?
(Bitte kreuzen Sie eine Antwortmöglichkeit an.)
- ☐ Ich weiß es nicht
- ☐ Ja
- ☐ Nein

25. Gibt es Suchtpräventionen für Angestellte Ihres Unternehmens?
(Bitte kreuzen Sie eine Antwortmöglichkeit an. Wenn Sie „Ja" ankreuzen, nennen Sie bitte die Arten der Suchtprävention.)
- ☐ Ich weiß es nicht
- ☐ Ja: ______
- ☐ Nein

26. Wie bewerten Sie Suchtprävention für Kunden?
(Bitte kreuzen Sie eine Antwortmöglichkeit an.)
- ☐ Ich weiß es nicht
- ☐ Sinnvoll
- ☐ Eher sinnvoll
- ☐ Weniger sinnvoll
- ☐ Nicht sinnvoll

27. Was passiert, wenn Ihr Arbeitgeber erfährt, dass Angestellte spielen?
(Mehrere Antworten möglich. Bitte kreuzen Sie an. Wenn Sie „Sonstiges" ankreuzen, nennen Sie bitte die Folgen.)
- ☐ Ich weiß es nicht
- ☐ Gar nichts
- ☐ Ermahnung
- ☐ Abmahnung
- ☐ Fristlose Kündigung
- ☐ Sonstiges: ______

Abbildung 12: Fragen 24, 25, 26 und 27

Schätzungen der InterviewpartnerInnen
Laut den Schätzungen der InterviewpartnerInnen spielen 40 bis 85 Prozent der Spielhallen-Servicekräfte an Geldspielautomaten. Außerdem haben zwölf bis 26 Prozent aller Spielhallen-Servicekräfte (laut den Schätzungen) glücksspielbezogene Probleme.
Weiterhin ist festzustellen, dass höhere Schätzungen bezüglich des Spielens von Spielhallen-Servicekräften mit erhöhten Schätzwerten in Bezug auf glücksspielbezogene Probleme einhergehen.

Die Schätzwerte der Befragten liegen deutlich über den Werten der deutschen Gesamtbevölkerung. Somit wird die Annahme, dass die Tätigkeit als Spielhallen-Servicekraft ein Risikofaktor für problematisches beziehungsweise pathologisches Glücksspielverhalten ist, von allen drei InterviewpartnerInnen bestätigt. Dabei ist jedoch zu beachten, dass alle InterviewpartnerInnen ein mindestens problematisches Glücksspielverhalten aufweisen beziehungsweise aufgewiesen haben. Die erhöhten Schätzwerte könnten dementsprechend auch mit den persönlichen (negativen) Erfahrungen der InterviewpartnerInnen zusammenhängen.

Für genauere und differenziertere Ergebnisse wurden die TeilnehmerInnen der quantitativen Erhebung gebeten, Schätzungen bezüglich der spielenden Servicekräfte (Frage 29) und der spielenden Servicekräfte mit glücksspielbezogenen Problemen (Frage 30) abzugeben.

29. Wie hoch schätzen Sie den Anteil der spielenden Servicekräfte ein?
(Bitte kreuzen Sie eine Antwortmöglichkeit an.)
- ☐ 0 – 10%
- ☐ 11 – 30%
- ☐ 31 – 50%
- ☐ 51 – 70%
- ☐ 71 – 90%
- ☐ 91 – 100%

30. Wie hoch schätzen Sie den Anteil der spielenden Servicekräfte mit glücksspielbezogenen Problemen ein?
(Bitte kreuzen Sie eine Antwortmöglichkeit an.)
- ☐ 0 – 10%
- ☐ 11 – 30%
- ☐ 31 – 50%
- ☐ 51 – 70%
- ☐ 71 – 90%
- ☐ 91 – 100%

Abbildung 13: Fragen 29 und 30

Im nächsten Schritt der empirischen Untersuchung wurden quantitative Daten erhoben. Mithilfe der Kernaussagen dieses Abschnitts wurde ein Fragebogen für die Untersuchung des Glücksspielverhaltens von N = 300 Spielhallen-Servicekräften entwickelt.

3.5 Die quantitative Befragung

Quantitative Erhebungsverfahren stammen ursprünglich aus den Naturwissenschaften. Dabei werden abgeleitete Forschungshypothesen an vielen Fällen beziehungsweise Individuen überprüft. Die Beurteilung dieser Forschungsmethoden erfolgt anhand der Gütekriterien (Objektivität, Replizierbarkeit, Validität etc.) (vgl. Döring & Bortz, 2016, S. 184 f.).

In den Bereich der quantitativen Erhebungsverfahren fällt unter anderem der Fragebogen. Mithilfe eines Fragebogens können Aspekte des subjektiven Erlebens und Verhaltens von Befragten erfasst werden. Durch die Art der Durchführung ist es möglich, in kurzer Zeit eine Vielzahl von Teilnehmern/Teilnehmerinnen bezüglich der genannten Aspekte zu befragen. Weiterhin erscheinen Fragebögen für TeilnehmerInnen als diskret und anonym, wodurch vor allem intime Aspekte (wie beispielsweise Glücksspielsuchterkrankungen oder Verhaltensweisen während und nach der Arbeitszeit) besser erhoben werden können (vgl. Döring & Bortz, 2016, S. 398). Für die Untersuchung des Glücksspielverhaltens von Spielhallen-Servicekräften wurde dementsprechend diese Form der Erhebung gewählt.

Grundsätzlich kann zwischen nicht-, teil- und vollstandardisierten Fragebögen unterschieden werden. Während sich die Befragten im Rahmen von nichtstandardisierten Fragebögen in eigenen Worten zu einem bestimmten Thema äußern, wird bei teilstandardisierten Fragebögen eine Anzahl von offenen Fragen gestellt. Vollstandardisierte Fragebögen bestehen ausschließlich aus geschlossenen Fragen mit vorgegebenen Antwortmöglichkeiten. In der Regel können die Antwortmöglichkeiten angekreuzt oder mit Zahlenwerten belegt werden. Dabei füllen die zu Befragenden den Fragebogen selbstständig ohne Hilfestellung aus. Ein Synonym für den vollstandardisierten Fragebogen ist der quantitative Fragebogen (vgl. Döring & Bortz, 2016, S. 399).

Für die Untersuchung des Glücksspielverhaltens von Spielhallen-Servicekräften wurde unter anderem ein Screeningverfahren mit Ankreuzmöglichkeiten verwendet. Es wurden außerdem Bedingungen und Auslöser für problematisches beziehungsweise pathologisches Glücksspielverhalten bei Spielhallen-Servicekräften untersucht. Aufgrund einer bestehenden Forschungslücke handelte es sich hierbei um eine Ersterhebung. Im Rahmen dieser Erhebung wurden (vorerst) grundlegende Fragestellungen beantwortet und überprüft. Auf tiefergehende Fragestellungen, bei denen ein nicht- beziehungsweise teilstandardisierter Fragebogen hilfreich wäre, konnte die Erstuntersuchung daher nicht eingehen. Aus den beschriebenen Gründen bot sich der quantitative vollstandardisierte Fragebogen an.

Auf Grundlage der Ergebnisse aus den qualitativen Interviews (s. Abschn. 3.4 *Kernaussagen der Erhebung*) wurde der Fragebogen für die quantitative Befragung entwickelt.

3.5.1 Entwicklung der Fragebögen

Für die Untersuchung des Glücksspielverhaltens von Spielhallen-Servicekräften wurde eine nicht-experimentelle Studie ohne Messwiederholungen gewählt. Da die Messung nur zu einem Zeitpunkt erfolgte, konnten Probanden deutlich einfacher rekrutiert werden als bei einer Studie mit mehreren Messwiederholungen. Es war nicht davon auszugehen, die TeilnehmerInnen für mehrere Befragungen zu gewinnen. Außerdem wurden im Rahmen dieser Erstuntersuchung die Glücksspielnutzung sowie das -verhalten von Spielhallen-Servicekräften erforscht. Die zeitliche Entwicklung des Glücksspielverhaltens, der Nutzen von Suchtpräventionsmaßnahmen für Spielhallen-Servicekräfte und ähnliche zeitbezogene Forschungsaspekte wurden im Rahmen dieser Erstuntersuchung nicht berücksichtigt. Aus ökonomischer Sicht ist zu beachten, dass bei der Querschnittsstudie (aufgrund der einmaligen Erhebung) sowohl zeitliche als auch personelle Ressourcen eingespart werden können. Aus diesem Grund bot sich die Querschnittsstudie an.

Die Nutzung einer Kontrollgruppe beziehungsweise einer Vergleichsstichprobe ist aufgrund der Thematik (des Fragebogens) und der zu Befragenden (Personen mit einer Tätigkeit als Spielhallen-Servicekraft) kaum zielführend. Durch das spezielle Berufsbild sind Vergleichsmöglichkeiten mit Personen aus anderen Anstellungen eher schwierig beziehungsweise im Rahmen dieses Forschungsvorhabens nicht realisierbar.

Mit dieser Erhebung konnte die Gültigkeit der Hypothesen nur eingeschränkt bestimmt werden. Für eine höhere Aussagekraft bedarf es dementsprechend weiterführender Studien. Da es sich bei diesem Forschungsvorhaben jedoch um die erstmalige Untersuchung von problematischem beziehungsweise pathologischem Glücksspielverhalten bei Spielhallen-Servicekräften in Deutschland handelte, reichte das Ausmaß der Aussagekraft in diesem Zusammenhang aus. Bei einer Verifizierung der Hypothesen sollten weiterführende

Untersuchungen mit einer höheren Gültigkeit beziehungsweise Aussagekraft angestellt werden.

Die Befragung erfolgte ausschließlich offline, indem die zu Befragenden einen Fragebogen ausfüllten. Bereits vor der Durchführung der Befragung zeigte sich ein allgemeines Misstrauen (unter Spielhallen-Servicekräften) gegenüber dem Internet bezüglich der Gewährleistung von Anonymität. Weiterhin kann der persönliche Kontakt als vertrauensbildende Maßnahme, aufgrund der Sensibilität von Themen, hilfreich beziehungsweise in Teilen erforderlich sein.

Die Verbreitung des Fragebogens erfolgte durch die persönliche Ausgabe (und Rücknahme), postalisch und im Gruppenkontext. Die verschiedenen Verbreitungswege werden im Folgenden kurz erläutert:

- Bei der persönlichen Ausgabe (und Rücknahme) wird der Fragebogen von den ForscherInnen ausgeteilt und direkt nach der Bearbeitung wieder entgegengenommen. Dabei erfolgt die Beantwortung der Fragen in Abwesenheit der ForscherInnen. Die Ansprache der TeilnehmerInnen erfolgt standardisiert, um Versuchsleitereffekte zu vermeiden.
- Im Rahmen der postalischen Befragung wird der Fragebogen mit einem Rücksendeumschlag per Post versendet. Da die Teilnahme an der Befragung vor der Versendung eruiert wird, sind die Adressen der zu Befragenden bekannt.
- Bei der Gruppenkontextbefragung werden die Fragebögen an mehrere TeilnehmerInnen, die sich zusammen in einem Raum befinden, ausgeteilt. Die Ansprache der TeilnehmerInnen erfolgt auch hier standardisiert, um Versuchsleitereffekte zu vermeiden. Nach der Bearbeitung werden die ausgefüllten Fragebögen wieder eingesammelt. Während des gesamten Vorgangs wird das selbstständige Ausfüllen der Fragebögen sowie die Geheimhaltung der Antworten sichergestellt (vgl. Döring & Bortz, 2016, S. 400 f. & 413).

Sowohl bei der persönlichen Ausgabe als auch bei der Gruppenkontextbefragung erhielten die zu Befragenden einen Briefumschlag, in welchen der Fragebogen nach der Bearbeitung gesteckt werden sollte. Der verschlossene Briefumschlag wurde vor den Augen der TeilnehmerInnen unter eine Vielzahl von weiteren Briefumschlägen gemischt. Auf diese Weise wurde den Teilnehmern/Teilnehmerinnen die Anonymität der Befragung verdeutlicht.

Die genutzten Verbreitungswege richteten sich nach den Vorstellungen und Präferenzen der zu Befragenden. Da die Beantwortung des Fragebogens eine theoretische Gefährdung für den Arbeitsplatz darstellen konnte, wurden die Präferenzen bezüglich des Verbreitungsweges in vollem Umfang berücksichtigt. Die Teilnahme war freiwillig und die Anonymität der einzelnen

Personen war gewährleistet. Darauf wurden die zu Befragenden ausdrücklich hingewiesen.

Im Hinblick auf die Konstruktion der jeweiligen Fragen wurden erprobte Einzelitems und Skalen aus entsprechender Fachliteratur verwendet. Dadurch sind die Antwortmöglichkeiten bezüglich der Gütekriterien bereits überprüft (vgl. Döring & Bortz, 2016, S. 407). Im Rahmen der Erhebung wurden hauptsächlich Ja-Nein-Fragen, Auswahlmöglichkeiten und Ratingskalen (z. B.: unwichtig; weniger wichtig; teils, teils; wichtig; sehr wichtig) zur Beantwortung der Fragen genutzt. Der Fragebogen setzt sich aus zwei Fragen mit freien Textfeldern, fünf Fragen mit mehreren Auswahlmöglichkeiten und jeweils einem freien Textfeld („Sonstiges") und 23 Fragen mit je einer Auswahlmöglichkeit zusammen. Das Forschungsinteresse des Fragebogens bezieht sich dabei auf folgende Themenbereiche und Forschungsfragen:

- Soziodemografische Merkmale und weitere relevante Merkmale (beispielsweise Alter, Bildung und Berufserfahrung)
- Informationen bezüglich des Glücksspielverhaltens von Spielhallen-Servicekräften

  Forschungsfrage 1: Wie gestaltet sich das Glücksspielverhalten von Spielhallen-Servicekräften?

    Forschungsfrage 1a: Welche typischen Spielverhaltensmuster weisen Spielhallen-Servicekräfte auf?

    Forschungsfrage 1b: Wie viel Prozent der Befragten haben ein Glücksspielproblem?
- Entstehungsbedingungen von problematischem beziehungsweise pathologischem Glücksspielverhalten

  Forschungsfrage 2: Welche Bedeutung hat die berufliche Tätigkeit in Bezug auf das Glücksspielverhalten von Spielhallen-Servicekräften?

    Forschungsfrage 2a: Gehen Spielhallen-Servicekräfte davon aus, die Gewinnmöglichkeiten und -zeitpunkte an Geldspielautomaten mithilfe ihrer Berufserfahrung einschätzen zu können?
- Suchtprävention im beruflichen Umfeld

  Forschungsfrage 3: Wie ist die Einstellung von Spielhallen-Servicekräften in Bezug auf Suchtprävention für KundInnen?

    Forschungsfrage 3a: Welche Suchtpräventionsmaßnahmen existieren für Spielhallen-Servicekräfte?

- Vergleich von Subgruppen
  Forschungsfrage 4: Was zeichnet spielendes Personal im Vergleich zu nicht spielendem Personal aus?
    Forschungsfrage 4a: Was zeichnet auffällige GlücksspielerInnen im Vergleich zu unauffälligen Glücksspielern/Glücksspielerinnen aus?

3.5.2 Methodik der Befragung

Mit dem Fragebogen wurden Spielhallen-Servicekräfte bezüglich ihres Glücksspielverhaltens befragt. Dabei lag ein Schwerpunkt auf der Erkennung von Spielhallen-Servicekräften mit einem auffälligen Glücksspielverhalten. Hierfür wurde ein Screeningverfahren angewendet. Bei der Auswahl eines Screeningverfahrens ist die Anzahl der Fragen sowie die Messgüte der jeweiligen Verfahren von besonderer Relevanz. Grundsätzlich kann zwischen kurzen (1–3 Items), mittleren (4–12 Items) und langen Screeningverfahren > 13 Items) unterschieden werden. Um den Fragebogen in seiner Länge zu begrenzen, können mittlere (wie z. B. der Problem Gambling Severity Index) oder ausführliche Screeningverfahren (wie z. B. der South Oaks Gambling Screen oder der Victorian Gambling Screen) nicht angewendet werden (vgl. PGRTC, 2011, S. 10).

Hayer, Rumpf und Meyer (2014, S. 16 ff.) stellen in diesem Zusammenhang fest, dass bereits bei Screeningverfahren mit nur drei Items zufriedenstellende Ergebnisse erzielt werden können. Bezüglich der psychometrischen Eigenschaften der zu Befragenden werden jedoch nur begrenzt Informationen eruiert.

Bei der Betrachtung von kurzen Screeningverfahren sind vor allem der Brief Biosocial Gambling Screen (BBGS), der NODS-CLiP und der Lie-/Bet-Questionnaire von Interesse. Während mit dem NODS-CLiP und dem Lie-/Bet-Questionnaire eine gute beziehungsweise ausreichende Sensitivität und Spezifität erzielt werden können, liefert der BBGS diesbezüglich exzellente Ergebnisse (vgl. Hayer et al., 2014, S. 15).

Mit allen drei Verfahren kann eine Einteilung in auffällige und unauffällige GlücksspielerInnen vorgenommen werden. Für tiefergehende Informationen werden jedoch weiterführende Diagnostik- beziehungsweise Screeningverfahren benötigt. Da das Forschungsvorhaben unter anderem auf die Feststellung des Anteils von Spielhallen-Servicekräften mit einem auffälligen Glücksspielverhalten ausgerichtet ist, würden diese Verfahren somit für die Erstuntersuchung ausreichen (vgl. Hayer et al., 2014, S. 17).

Die verschiedenen Verfahren verfügen über unterschiedliche thematische Schwerpunkte. Sowohl beim Lie-/Bet-Questionnaire als auch beim NODS-CLiP steht das Belügen von Bezugspersonen im Vordergrund. Der Lie-/Bet-Questionnaire thematisiert dazu die Steigerung von Spieleinsätzen, wohingegen der NODS-CLiP sich auf Kontrollverluste und die Vereinnahmung durch das Glücksspiel bezieht (vgl. Hayer et al., 2014, S. 16 f.).

Der BBGS konzentriert sich auf entzugsähnliche Erscheinungen, finanzielle Probleme und Verheimlichungstendenzen. Dabei werden ausschließlich die zurückliegenden zwölf Monate betrachtet. (vgl. Hayer et al., 2014, S. 17). Außerdem wurden bei der Erstellung des BBGS die Kriterien des DSM-IV (s. Abschn. 2.3 *Problematisches und pathologisches Glücksspielverhalten*) berücksichtigt (vgl. PGRTC, 2011, S. 50).

Im Rahmen der theoretischen Vorarbeit stellte sich heraus, dass für Spielhallen-Servicekräfte vor allem finanzielle Aspekte bei der Nutzung von Glücksspiel im Vordergrund stehen. Weiterhin betreffen Lügen und Verheimlichungen bezüglich des Glücksspiels (anfangs) eher das berufliche Umfeld als private Bezugspersonen. Thematisch bietet sich dementsprechend besser der BBGS an. Außerdem spricht die Tatsache, dass mit dem BBGS exzellente Ergebnisse in Bezug auf Sensitivität und Spezifität erzielt werden können, für dessen Verwendung. In dem Fragebogen wurde somit der BBGS verwendet.

In der folgenden Abbildung wird der BBGS nach Gebauer, LaBrie und Shaffer (2010) dargestellt. Jede mit „Ja" angekreuzte Frage ist ein Indikator für glücksspielbezogene Probleme. Dementsprechend reicht bereits eine bejahte Antwort zur Feststellung eines potenziellen pathologischen Glücksspielverhaltens aus. Die Fragen werden sowohl in der Originalsprache (Englisch) als auch in Deutsch dargestellt:

Brief Biosocial Gambling Screen (BBGS) - Englisch

Withdrawal: During the past 12 months, have you become restless, irritable, or anxious when trying to stop and (or) cut down on gambling?
☐ I do not gamble
☐ Yes
☐ No

Lying: During the past 12 months, have you tried to keep your family or friends from knowing how much you gambled?
☐ Yes
☐ No

Borrowing Money: During the past 12 months, did you have such financial trouble as a result of gambling that you had to get help with living expenses from family, friends, or welfare?
☐ Yes
☐ No

Brief Biosocial Gambling Screen (BBGS) – Deutsch

Entzug: Waren Sie in den letzten 12 Monaten unruhig, gereizt oder ängstlich, wenn Sie versucht haben, gar nicht oder weniger zu spielen?
☐ Ich spiele nicht
☐ Ja
☐ Nein

Lügen: Haben Sie in den letzten 12 Monaten versucht, das Ausmaß Ihrer Spielaktivität vor Ihrer Familie oder Ihren Freunden zu verbergen?
☐ Ja
☐ Nein

Geld leihen: Hatten Sie in den letzten 12 Monaten finanzielle Probleme aufgrund von Glücksspiel, sodass Sie Ihren Lebensunterhalt nur mit Hilfe der Familie, Freunden oder dem Sozialamt bestreiten konnten?
☐ Ja
☐ Nein

Abbildung 14: Brief Biosocial Gambling Screen (Gebauer et al., 2010, S. 89)

Wie bereits im Theorieteil dieser Arbeit beschrieben, weisen pathologische GlücksspielerInnen (verhältnismäßig häufig) eine starke Ausprägung von Risikobereitschaft und Impulsivität auf. Diese psychologischen Merkmale können somit als mögliche Erklärvariablen für das festgestellte Glücksspielverhalten dienen. Weitere Erklärvariablen beziehungsweise psychosoziale Konstrukte finden im Rahmen dieser Erstuntersuchung keine Berücksichtigung, um den Fragebogen in der Länge zu begrenzen.

Im Hinblick auf die Konstruktion der jeweiligen Fragen (bezüglich Risikobereitschaft und Impulsivität) wurde eine erprobte Skala aus entsprechender Fachliteratur verwendet. Dadurch sind die Antwortmöglichkeiten bezüglich der Gütekriterien bereits überprüft (vgl. Döring & Bortz, 2016, S. 407). Auch an dieser Stelle wurde eine verhältnismäßig kurze Skala mit einer hohen Aussagekraft verwendet.

Mit der Skala Impulsives-Verhalten-8 (I-8) können TeilnehmerInnen mit acht Fragen bezüglich des Merkmals Impulsivität untersucht werden. Dabei werden Fragen zu verschiedenen Themengebieten (z. B. Risikobereitschaft) gestellt. Die Themengebiete spiegeln verschiedene Facetten impulsiven Verhaltens wider (vgl. Kovaleva, Beierlein, Kemper & Rammstedt, 2014, S. 1). Die Ergebnisse aus den einzelnen Themengebieten konnten (zusätzlich zu dem psychologischen Merkmal Impulsivität) im Rahmen dieser Untersuchung als mögliche Erklärvariablen für das festgestellte Glücksspielverhalten herangezogen werden.

In der folgenden Abbildung wird die Skala Impulsives-Verhalten-8 dargestellt:

	Trifft gar nicht zu	Trifft wenig zu	Trifft etwas zu	Trifft ziemlich zu	Trifft voll und ganz zu
Manchmal tue ich spontan Dinge, die ich besser nicht getan hätte.					
Um mich besser zu fühlen, mache ich manchmal Sachen, die ich später bereue.					
Ich denke normalerweise genau nach, bevor ich etwas unternehme.					
Ich entscheide meist nach sorgfältigem und logischem Überlegen.					
Was ich begonnen habe, führe ich auch zu Ende.					
Ich teile meine Zeit gut ein, so dass ich Aufgaben rechtzeitig erledigen kann.					
Ich bin bereit Risiken einzugehen.					
Ich bin gerne bereit, etwas zu wagen.					

Abbildung 15: Die Skala Impulsives-Verhalten-8 (Kovaleva et al., 2014, S. 2)

Die einzelnen Fragen sind nach Themengebieten geordnet, wobei jeweils zwei aufeinanderfolgende Fragen eine Facette von Impulsivität erfassen:

- Dringlichkeit (Frage 1 und 2),
- Absicht (Frage 3 und 4),
- Ausdauer (Frage 5 und 6),
- Risikobereitschaft (Frage 7 und 8).

Im Rahmen der Auswertung werden den jeweiligen Antworten Punktwerte von eins („trifft gar nicht zu") bis fünf („trifft voll und ganz zu") zugeordnet (vgl. Kovaleva et al., 2014, S. 2).

Die jeweiligen Punktwerte der einzelnen Themenbereiche werden zu Skalenwerten gemittelt. Hohe Werte in den Bereichen „Dringlichkeit" und „Risikobereitschaft" sowie niedrige Werte in den Bereichen „Ausdauer" und „Absicht" weisen dabei auf eine hohe Ausprägung von Impulsivität hin (vgl. Kovaleva et al., 2014, S. 2 f.).

Neben psychologischen Merkmalen sollten auch kognitive Verzerrungen beziehungsweise Fehlwahrnehmungen von Spielhallen-Servicekräften genauer betrachtet werden. Im Rahmen der qualitativen Interviews stellte sich heraus, dass die InterviewpartnerInnen von kognitiven Verzerrungen betroffen sind. Es besteht beispielsweise die Annahme, dass verloren gegangene Geldeinsätze ein bis zwei Stunden nach dem Verlust wieder ausgegeben werden (s. Abschn. 3.3.3 *Auswertung des Interviews mit Interviewpartner 3*). Obwohl Interviewpartnerin 1 und 2 angaben, die Gewinnmöglichkeiten und -zeitpunkte nicht einschätzen zu können, erachteten sie es als wichtig, die vergangenen Gewinne beziehungsweise Verluste bei der Auswahl eines Geldspielautomaten zu beachten. Die Annahme, dass die tägliche Beobachtung von Spielabläufen zu kognitiven Verzerrungen bei Spielhallen-Servicekräften führen kann, konnte somit in Teilen bestätigt werden.

Irrationale Annahmen bezüglich der eigenen Fähigkeiten sind bei Glücksspielern/Glücksspielerinnen an Geldspielautomaten weit verbreitet. Diese (irrationalen Annahmen) werden durch technische Merkmale von Geldspielautomaten weiter verstärkt (z. B. durch Start-/Stopptasten). Aus der Suchtforschung ist in diesem Zusammenhang bekannt, dass Fehlwahrnehmungen mit einem problematischen beziehungsweise pathologischen Glücksspielverhalten in Verbindung stehen (vgl. Kalke, Milin & Buth, 2018, S. 22).

Aus diesem Grund wurden kognitive Verzerrungen bei Spielhallen-Servicekräften im Rahmen des Fragebogens genauer untersucht. Für den Fragebogen bot sich eine Subskala („illusion of control") des „Gamblers Beliefs Questionnaire" an.

Der Gamblers Beliefs Questionnaire besteht aus insgesamt 21 Fragen, welche in zwei Subskalen mit 13 und acht Items unterteilt werden können. Während sich die erste Subskala („lucky/perseverance") mit kognitiven Verzerrungen bezüglich des Spielverlaufs beschäftigt, wird in der zweiten Subskala („illusion of control") auf die Annahme, das Spiel mit dem eigenen Können beeinflussen zu können, eingegangen (vgl. Kalke et al., 2018, S. 23).

In der folgenden Abbildung wird die Subskala „illusion of control" dargestellt:

	Stimmt gar nicht			neutral			Stimmt voll-kommen
Ich sehe Glücksspiel als eine Herausforderung an.	1	2	3	4	5	6	7
Ich sollte die Übersicht über vorangegangene erfolgreiche Strategien behalten, um so herauszufinden, wie ich in der Zukunft spielen sollte.	1	2	3	4	5	6	7
Mein Wissen und Können beim Glücksspiel beeinflussen die Wahrscheinlichkeit, dass ich Geld machen werde.	1	2	3	4	5	6	7
Glücksspiel ist mehr als reines Glück.	1	2	3	4	5	6	7
Meine Entscheidungen oder Handlungen wirken sich auf das Spiel, bei dem ich gesetzt habe, aus.	1	2	3	4	5	6	7
Meine Siege beim Glücksspiel zeugen davon, dass ich über Können und Wissen im Bereich des Glücksspiels verfüge.	1	2	3	4	5	6	7
Ich habe mehr Können und Wissen im Bereich des Glücksspiels als die meisten Leute, die spielen.	1	2	3	4	5	6	7
Ich habe eine „Glückstechnik", die ich beim Spielen anwende.	1	2	3	4	5	6	7

Abbildung 16: Subskala „illusion of control" des Gamblers Beliefs Questionnaire (Kalke et al., 2018, S. 26)

Jede Aussage kann mithilfe einer Skala von eins („stimmt gar nicht") über vier („neutral") bis sieben („stimmt vollkommen") bewertet werden. Der Gesamtscore kann einen Höchstwert von 56 Punkten betragen (vgl. Kalke et al., 2018, S. 23).

Zusätzlich zu der Skala wurden noch zwei weitere Fragen bezüglich Kontrollillusionen gestellt:

1. Können Sie Gewinnmöglichkeiten und -zeitpunkte mithilfe Ihrer Berufserfahrung einschätzen?
2. Ein Spieler möchte einen Gewinn erzielen. Sollte er bei der Auswahl eines Geldspielautomaten auf die letzten Gewinne und Verluste des jeweiligen Geräts achten?

Nachdem die verschiedenen Verfahren beschrieben wurden, wird nachfolgend auf mögliche Vor- beziehungsweise Nachteile des Fragebogens eingegangen:

Durch die Art der Erhebung ergeben sich sowohl Vor- als auch Nachteile (s. Abschn. 3.5 *Die quantitative Befragung*). In diesem Zusammenhang sind Verständnisprobleme bei der Bearbeitung des Fragebogens von besonderer Relevanz. Während der Bearbeitung konnten keine Erklärungen (vonseiten der ForscherInnen) bezüglich bestimmter Fragen abgegeben werden. Es wurden daher einfache und leicht verständliche Fragen gewählt. Die jeweiligen Bearbeitungshinweise wurden nach jeder Frage in Klammern angegeben.

Weiterhin wurde der Fragebogen durch Pretests auf seine Anwendbarkeit überprüft. Nach der Entwicklung des Fragebogens wurden zehn solcher Pretests durchgeführt, für die TeilnehmerInnen aus themennahen Arbeits- und Forschungsbereichen gewählt wurden:

- GeschäftsführerInnen von Spielhallen (n = 2),
- Ehemalige und aktive MitarbeiterInnen von Spielhallen (n = 7),
- Psychotherapeut für Suchtproblematiken (n = 1).

Die TeilnehmerInnen der Pretests bekamen die gleichen Informationen wie die künftig zu Befragenden zur Verfügung gestellt. Außerdem wurden die gleichen Ansprachen und Standardisierungen verwendet. Die Dauer der einzelnen Pretests betrug circa acht Minuten.

Es stellte sich heraus, dass (bei einer Frage) eine Antwortmöglichkeit hinzugefügt werden sollte, damit alle TeilnehmerInnen die Frage beantworten können. Außerdem bestanden leichte Verständnisprobleme bei einzelnen Fragen. Diese wurden durch Umformulierungen und zusätzliche Informationen gelöst.

Aus psychotherapeutischer Sicht stellt der Fragebogen keine Gefährdung für eine Verstärkung von problematischem beziehungsweise pathologischem Glücksspielverhalten dar. Nach der Überarbeitung des Fragebogens wurde die Befragung von Spielhallen-Servicekräften durchgeführt.

3.5.3 Durchführung der Befragung

Die Befragung wurde mit unterschiedlichen Kontaktpersonen im Bekanntenkreis durchgeführt. Außerdem wurden verschiedene Spielhallen aufgesucht und die Möglichkeit der Teilnahme kommuniziert. Die Befragung beschränkte sich dabei auf die Bundesländer Bremen und Niedersachsen. Die TeilnehmerInnen wurden gebeten, die Möglichkeit der Teilnahme an einer Befragung im eigenen Bekanntenkreis zu kommunizieren.

Aufgrund des initiierten Schneeballsystems konnte keine Gesamtheit aller Spielhallen-Servicekräfte nachgebildet werden. Da die Beantwortung bestimmter Fragen mit einem Arbeitsplatzverlust einhergehen konnte, war nicht davon auszugehen, eine repräsentative Auswahl von zu Befragenden außerhalb des Bekanntenkreises zu gewinnen. Des Weiteren war nicht vollständig bekannt, wie sich die Grundgesamtheit aller Spielhallen-Servicekräfte nach soziodemografischen und sonstigen relevanten Merkmalen, wie zum Beispiel Bildung, Alter und Berufserfahrung, zusammensetzt. Aus diesen Gründen wurde die Gelegenheitsstichprobe verwendet. Durch die beschriebene Vorgehensweise ist eine Verallgemeinerung auf alle Spielhallen-Servicekräfte ausgeschlossen.

Aufgrund der Sensibilität der Thematik wurde außerdem auf schriftliche Einverständniserklärungen (der TeilnehmerInnen) für die Verwendung der Daten verzichtet. Das Unterschreiben von Formularen kann mit einem Vertrauensverlust bezüglich der Anonymität einer Befragung einhergehen. Daher erfolgten die Einverständniserklärungen (für die Verwendung der Daten) ausschließlich mündlich.

Im Folgenden werden die Ein- beziehungsweise Ausschlusskriterien für die BefragungsteilnehmerInnen dargestellt:

An der Befragung sollten nur Spielhallen-Servicekräfte (s. Abschn. 2.*2.2 Spielhallen-Servicekraft*) teilnehmen. Personen mit einem anderen Tätigkeitsbereich innerhalb des Spielhallen- (z. B. TechnikerInnen) beziehungsweise Glücksspielgewerbes (z. B. Croupiers) waren von der Befragung ausgeschlossen. Außerdem wurden nur aktive Spielhallen-Servicekräfte für die Befragung rekrutiert. Durch den Ausschluss von ehemaligen Spielhallen-Servicekräften konnte sichergestellt werden, dass etwaige glücksspielbezogene Störungen nicht nach der beruflichen Tätigkeit (in einer Spielhalle) entstanden sind.

Bei dieser Art der Erhebung können nur Momentaufnahmen betrachtet werden (vgl. Döring & Bortz, 2016, S. 201). Aus diesem Grund wurden nur Spielhallen-Servicekräfte mit einer Berufserfahrung von mindestens zwölf Monaten befragt. Somit war es möglich, die Auswirkungen der beruflichen Tätigkeit genauer zu betrachten. Durch das Ausschlusskriterium war außerdem davon auszugehen, dass die zu Befragenden über die nötigen Kenntnisse und Erfahrungen verfügen. Es wurde sichergestellt, dass keine BerufseinsteigerInnen mit unzureichender Berufserfahrung teilnehmen.

Eine Teilnahme an der Befragung war sowohl für Teilzeit- als auch für VollzeitmitarbeiterInnen möglich. Zwingende Voraussetzung für die Teilnahme waren ausreichende sprachliche Fähigkeiten. Personen mit unzureichenden Deutschkenntnissen waren dementsprechend von der Befragung ausgeschlossen. Ein mehrsprachiger Fragebogen konnte aus ökonomischen Gründen nicht erstellt werden.

3.5.4 Datenvorbereitung und -analyse

Insgesamt wurden 316 Fragebögen ausgefüllt. 78 Spielhallen-Servicekräfte lehnten die Teilnahme an einer Befragung ab. Die geringe Anzahl an Absagen kann zum einen mit der Branchenkenntnis des Autors dieser Arbeit und zum anderen mit seinen weitreichenden Kontakten innerhalb der Branche zusammenhängen.

Im Rahmen der Datenvorbereitung wurden 16 Fälle, nach Durchführung einer Konsistenzprüfung, ausgeschlossen. Der Ausschluss erfolgte aufgrund von unseriösen Antworten und/oder fehlenden Angaben bei einem Großteil der Fragen. Ansonsten bestanden keine fehlenden Werte.

Weiterhin wurden die Variablen der Stichprobe auf Ausreißer überprüft. Ausreißer sind in dieser Arbeit dadurch definiert, dass sie kleiner als der Wert der Differenz vom ersten Quartil und dem Produkt von 1,5 und dem Interquartilsabstand (zwischen dem dritten und dem ersten Quartil) beziehungsweise größer als der Wert der Summe des dritten Quartils und dem Produkt von 1,5 und dem Interquartilsabstand sind (vgl. Eid, Gollwitzer & Schmitt, 2015, S. 151 f.). Zur Verdeutlichung werden nachfolgend die jeweiligen Formeln angeführt:

Ausreißer < 1. Quartil – 1,5 * Interquartilsabstand

Ausreißer > 3. Quartil + 1,5 * Interquartilsabstand

In der Stichprobe konnten keine relevanten Ausreißer festgestellt werden.

Außerdem wurde das Computerprogramm G*Power verwendet. G*Power ist ein Leistungsanalyseprogramm für statistische Testverfahren. Mithilfe der Software wird die erreichte Power in Tests, die auf der t-Verteilung basieren (t-Tests), berechnet. Dabei werden die Stichprobengröße, die Effektgröße und α vorgegeben (vgl. Faul, Erdfelder, Lang & Buchner, 2007, S. 175 f.). Als den für die Untersuchung geeigneten statistischen Test wurde „Means: Difference between two independent means (two groups)" gewählt. Die einzelnen Parameter werden nachfolgend aufgeführt:

Stichprobengröße: 300 (240 weibliche und 60 männliche Teilnehmer),

Effektgröße: d = 0,5 (mittlere Effektstärke),

α-Fehlerwahrscheinlichkeit: 0,05.

Anhand der Angaben werden folgende Daten berechnet:

Nichtzentralitätsparameter δ: 3,4641016,
kritischer t-Wert: 1,6499830,
Anzahl der Freiheitsgrade: 298,
Power (1-β-Fehlerwahrscheinlichkeit): 0,9649581 (Faul et al., 2007).

Die Fähigkeit des Tests, einen Effekt zu erkennen (wenn einer vorliegt), liegt somit bei 96,5 Prozent. Es besteht dementsprechend eine aussagekräftige Teststärke.

Die folgende Datenanalyse gliedert sich in fünf Analyseschritte. Im ersten Analyseschritt (A1) werden die erhobenen Daten ausführlich beschrieben. Die Beschreibung erfolgt dabei hauptsächlich alters- und geschlechterdifferenziert. Im folgenden Analyseschritt (A2) erfolgt eine Korrespondenzanalyse. Dabei wird das Korrespondenzverhalten von Glücksspielern/Glücksspielerinnen an Geldspielautomaten in den letzten zwölf Monaten genauer betrachtet.

Während im dritten Analyseschritt (A3) ein Vergleich zwischen nicht spielendem und spielendem Personal (an Geldspielautomaten) angestellt wird, werden im vierten Analyseschritt (A4) die Subgruppen der auffälligen und unauffälligen GlücksspielerInnen miteinander verglichen. Im Rahmen des dritten und vierten Analyseschritts wird die Angabe „Ich weiß es nicht" als Missing (fehlender Wert) betrachtet. Sowohl im dritten als auch im vierten Analyseschritt folgt eine binär-logistische Regression auf den Vergleich der Subgruppen. Hierfür werden die Ergebnisse des jeweiligen Vergleichs zugrunde gelegt. Zur Vermeidung von zu starken Korrelationen zwischen den Prädiktoren wird vor der Durchführung (der binär-logistischen Regression) die Multikollinearität überprüft (s. *Anhang: Multikollinearität – Spielendes/nicht spielendes Personal & Multikollinearität – Auffällige/unauffällige GlücksspielerInnen*).

Im letzten Analyseschritt (A5) werden bestimmte Teile der erhobenen Daten mit denen von Banz und Lang (2017) verglichen.

Im Rahmen der statistischen Auswertung kamen (hauptsächlich) folgende mathematische Verfahren in Abhängigkeit von den aufgeworfenen Fragestellungen sowie den jeweiligen Testvoraussetzungen zur Anwendung:

- Chi-Quadrat-Test,
- Wilcoxon-Mann-Whitney-Test,
- t-Test bei unabhängigen Stichproben,
- Konfidenzintervalle (95 % KI).

Die Verfahren wurden in Abhängigkeit vom jeweiligen Messniveau angewendet. Der Schwerpunkt lag dabei auf der Feststellung von signifikanten Werten durch

Homogenitätstests. Für die Durchführung der Verfahren wurde SPSS Statistics von IBM (Version 18.0.0) verwendet.

Das Signifikanzniveau wurde bei jedem Test mit $p \leq 0,05$ determiniert. Dementsprechend unterscheiden sich zwei Gruppen statistisch signifikant voneinander, wenn ein *p*-Wert kleiner/gleich 0,05 festgestellt werden kann.

Im Hinblick auf die Anwendung von Konfidenzintervallen (95 % KI) gilt, dass sich zwei Gruppen dann signifikant unterscheiden, wenn der Wert der einen Gruppe außerhalb des Konfidenzintervalls der anderen Gruppe liegt.

Die Auswertung erfolgte mit der Statistiksoftware SPSS Statistics von IBM, Version 18.0.0.

4 Ergebnisse

Nachdem bisher die zugrunde liegende Methodik beschrieben und erklärt wurde, werden in diesem Abschnitt die Ergebnisse der Untersuchung ausführlich dargestellt.

4.1 Beschreibende Statistik – Auswertung der quantitativen Befragung (A1)

Der Erhebungszeitraum erstreckte sich vom 28.07.2018 bis zum 17.09.2018. Im Rahmen der Befragung wurden insgesamt 188 Spielhallenstandorte aufgesucht. Dabei haben TeilnehmerInnen aus 126 Standorten an der Befragung teilgenommen. Außerdem wurde der Fragebogen im Rahmen einer Suchtpräventionsschulung an Spielhallen-Servicekräfte verteilt. Weitere TeilnehmerInnen wurden im Bekanntenkreis akquiriert. Indem diese die Möglichkeit der Teilnahme an einer Befragung im eigenen Freundes- und Bekanntenkreis kommunizierten, konnten weitere TeilnehmerInnen für die Befragung gewonnen werden.

Aufgrund von Auf- beziehungsweise Abrundungen sind Inkonsistenzen in den Summenzeilen der Tabellen unvermeidbar.

4.1.1 Zusammensetzung der Stichprobe

Die Stichprobe setzt sich aus 300 aktiven Spielhallen-Servicekräften zusammen, darunter 240 weibliche (80 %) und 60 männliche (20 %) Servicekräfte. Das durchschnittliche Alter der TeilnehmerInnen liegt bei 43,7 Jahren. Die jüngsten beziehungsweise ältesten TeilnehmerInnen sind 19 beziehungsweise 78 Jahre alt.

Die Befragten arbeiten durchschnittlich seit 6,7 Jahren als Spielhallen-Servicekraft in Spielhallen und verfügen über verschiedene Bildungsabschlüsse (s. Tab. 2):

Tabelle 2: Bildungsabschluss der Stichprobe

Bildungsabschluss	Gesamt	
	N	%
Kein Schulabschluss	6	2,0
Hauptschulabschluss	54	18,0
Realschule (mittlere Reife)	89	29,7
Fachabitur	16	5,3
Gymnasium (Abitur)	14	4,7
Abgeschlossene Berufsausbildung	104	34,7
Studium	17	5,7
Gesamt	300	100,0

Es ist festzustellen, dass ein Großteil der Befragten (34,7 %) über eine abgeschlossene Berufsausbildung verfügt. Darauf folgen die mittlere Reife (29,7 %), der Hauptschulabschluss (18 %), das Fachabitur (5,3 %) und das Abitur (4,7 %). Während zwei Prozent der TeilnehmerInnen keinen Schulabschluss vorzuweisen haben, geben 5,7 Prozent das Studium als höchsten Bildungsabschluss an. Von den 300 Befragten weisen 117 Personen (39 %) einen Migrationshintergrund auf.

Im folgenden Abschnitt wird die Forschungsfrage „Wie gestaltet sich das Glücksspielverhalten von Spielhallen-Servicekräften?“ (Forschungsfrage 1) unter Hinzuziehung der Ergebnisse aus der Befragung beantwortet. Außerdem wird auf typische Spielverhaltensmuster (Forschungsfrage 1a) und den Anteil von auffälligen Glücksspielern/Glücksspielerinnen in der Gruppe der Spielhallen-Servicekräfte (Forschungsfrage 1b) eingegangen.

4.1.2 Das Glücksspielverhalten von Spielhallen-Servicekräften

Für die Betrachtung des Glücksspielverhaltens von Spielhallen-Servicekräften werden zu Beginn die 12-Monats-Teilnahmeprävalenzen an verschiedenen Glücksspielen dargestellt. Dabei liegt ein Schwerpunkt auf der Spielhäufigkeit an Geldspielautomaten, da die Nutzung von Geldspielautomaten die höchste Teilnahmeprävalenz in der Gruppe der Spielhallen-Servicekräfte (in den letzten zwölf Monaten) aufweist.

Im Rahmen der Befragung geben 29,3 Prozent der Spielhallen-Servicekräfte an, in den letzten zwölf Monaten an Geldspielautomaten gespielt zu haben. Darauf folgt mit 26,3 Prozent die Teilnahme an Lotterien. Sportwetten (5,3 %), Angebote in Spielbanken (4,3 %), private Glücksspiele (4 %), Internetglücksspiele (3,7 %) und sonstige Glücksspiele (2,3 %) werden deutlich seltener von Spielhallen-Servicekräften wahrgenommen.

Tabelle 3: 12-Monats-Teilnahmeprävalenz an Glücksspielen

Glücksspiele	Teilnahmeprävalenzen						
	Gar nicht	Bis 5-mal im Jahr	6- bis 11-mal im Jahr	1-mal im Monat	Mehrmals im Monat	1-mal in der Woche	Mehrmals in der Woche
Geldspielautomaten	70,7	7,3	3,0	3,3	4,3	5,0	6,3
Lotterien	73,7	14,7	3,7	5,3	1,0	1,7	0
Sportwetten	94,7	3,3	0,3	1,0	0,3	0,3	0
Angebote in Spielbanken	95,7	4,3	0	0	0	0	0
Internetglücksspiel	96,3	2,3	0,3	0,7	0,3	0	0
Privates Glücksspiel	96,0	1,7	1,7	0,3	0,3	0	0
Sonstige Glücksspiele	97,7	1,3	0,3	0,3	0,3	0	0

Angaben in Prozent
N = 300

Während Lotterien in der Regel bis zu fünfmal im Jahr (von 14,7 % der Befragten), sechs- bis elfmal im Jahr (von 3,7 % der Befragten) oder monatlich (von 5,3 % der Befragten) genutzt werden, liegt die Teilnahmeprävalenz an Geldspielautomaten deutlich höher. Zwar geben auch hier 7,3 Prozent der Spielhallen-Servicekräfte an, bis zu fünfmal im Jahr an Geldspielautomaten zu spielen, aber darauf folgen die höchsten Spielhäufigkeitskategorien mit mehrmals in der Woche (6,3 %) und wöchentlich (5 %). Keine andere Glücksspielform wird ansonsten mehrmals in der Woche genutzt. Weitere 4,3 Prozent der Befragten geben an, mehrmals im Monat an Geldspielautomaten zu spielen.

Insgesamt 6,3 Prozent der Befragten spielen sechs- bis elfmal im Jahr (3 %) oder monatlich (3,3 %) an Geldspielautomaten. Somit liegen die Teilnahmeprävalenzen an Lotterien lediglich in den niedrigen Spielhäufigkeitskategorien über denen von Geldspielautomaten. Bei genauerer Betrachtung der Teilnahmeprävalenz an Geldspielautomaten fällt auf, dass prozentual gesehen mehr Männer (50 %) als Frauen (24,2 %) an Geldspielautomaten spielen (s. Tab. 4).

Tabelle 4: 12-Monats-Teilnahmeprävalenz an Geldspielautomaten

Teilnahmeprävalenzen	Gesamt		Männlich		Weiblich	
	N	%	n	%	n	%
Gar nicht	212	70,7	30	50,0	182	75,8
Bis 5-mal im Jahr	22	7,3	4	6,7	18	7,5
6- bis 11-mal im Jahr	9	3,0	4	6,7	5	2,1
1-mal im Monat	10	3,3	2	3,3	8	3,3
Mehrmals im Monat	13	4,3	4	6,7	9	3,8
1-mal in der Woche	15	5,0	7	11,7	8	3,3
Mehrmals in der Woche	19	6,3	9	15,0	10	4,2
Gesamt	300	100,0	60	100,0	240	100,0

Weiterhin liegt die Spielhäufigkeit bei den männlichen Spielhallen-Servicekräften deutlich höher. So spielen die meisten männlichen Teilnehmer (abgesehen von den Nicht-Spielern) mehrmals in der Woche (15 %) oder wöchentlich (11,7 %), während die meisten weiblichen Befragten bis zu fünfmal im Jahr (7,5 %) an Geldspielautomaten spielen. Aber auch bei den Frauen liegt die drittstärkste Ausprägung bei der höchsten Spielhäufigkeitskategorie bei mehrmals in der Woche (4,2 %).

Bei der Betrachtung der 12-Monats-Teilnahmeprävalenz an Geldspielautomaten nach Alter ist festzustellen, dass sich prozentual gesehen die meisten GlücksspielerInnen unter den 18- bis 25-Jährigen (50 %) und den 26- bis 35-Jährigen (41,4 %) befinden. Darauf folgen die Altersgruppen der 36- bis 45-Jährigen (26,3 %), der 56- bis 65-Jährigen (22,2 %) und der 46- bis 55-Jährigen (22,1 %). Ältere TeilnehmerInnen haben in den letzten zwölf Monaten nicht an Geldspielautomaten gespielt (s. Tab. 5).

Tabelle 5: 12-Monats-Teilnahmeprävalenz an Geldspielautomaten (nach Alter)

Teilnahmeprävalenzen	Altersgruppen						
	18 – 25	26 – 35	36 – 45	46 – 55	56 – 65	66 – 75	76 – 85
Gar nicht	50,0	58,6	73,7	77,9	77,8	100,0	100,0
Bis 5-mal im Jahr	23,3	10,0	7,0	2,6	3,7	0	0
6- bis 11-mal im Jahr	0	5,7	3,5	1,3	3,7	0	0
1-mal im Monat	0	2,9	1,8	6,5	3,7	0	0
Mehrmals im Monat	6,7	2,9	3,5	3,9	7,4	0	0
1-mal in der Woche	10,0	7,1	3,5	5,2	1,9	0	0
Mehrmals in der Woche	10,0	12,9	7,0	2,6	1,9	0	0
Gesamt	100,0	100,0	100,0	100,0	100,0	100,0	100,0

Alle Angaben in Prozent
N = 300

In den Altersgruppen der 18- bis 45-Jährigen sind starke Ausprägungen hinsichtlich der Spielhäufigkeitskategorien bis zu fünfmal im Jahr, wöchentlich und mehrmals in der Woche zu erkennen.

Bei den 46- bis 55-Jährigen liegt die höchste Ausprägung (abgesehen von den Nicht-Spielern) beim monatlichen Glücksspiel an Geldspielautomaten (6,5 %). Darauf folgen die wöchentliche Nutzung von Geldspielautomaten (5,2 %) und deren mehrmalige Nutzung im Monat (3,9 %).

In der Gruppe der 56- bis 65-Jährigen nutzen die meisten spielenden Befragten Geldspielautomaten mehrmals im Monat (7,4 %). Während jeweils 1,9 Prozent der Personen dieser Altersgruppe wöchentlich beziehungsweise mehrmals in der Woche spielen, geben jeweils 3,7 Prozent der TeilnehmerInnen Spielhäufigkeiten von bis zu fünfmal im Jahr, sechs- bis elfmal im Jahr und die monatliche Nutzung von Geldspielautomaten an.

Es ist somit festzustellen, dass sowohl die SpielerInnenquote insgesamt als auch die Teilnahmeprävalenz der Spielhallen-Servicekräfte mit zunehmendem Alter abnimmt. Im Gegensatz zu der SpielerInnenquote ist die Teilnahmeprävalenz jedoch erst ab dem 36. Lebensjahr rückläufig.

In Bezug auf die Anzahl der Spielhallen (des Arbeitgebers) liegt die SpielerInnenquote bei allen Unternehmensgrößen bei circa 30 Prozent. Diese Quote spiegelt die Gesamtquote der an Geldspielautomaten spielenden Servicekräfte (29,3 %) wider. 30,8 Prozent der spielenden Servicekräfte weisen einen Migrationshintergrund auf.

In der folgenden Abbildung wird die Einschätzung der Befragten bezüglich des Anteils von Spielhallen-Servicekräften, die am Glücksspiel teilnehmen, dargestellt:

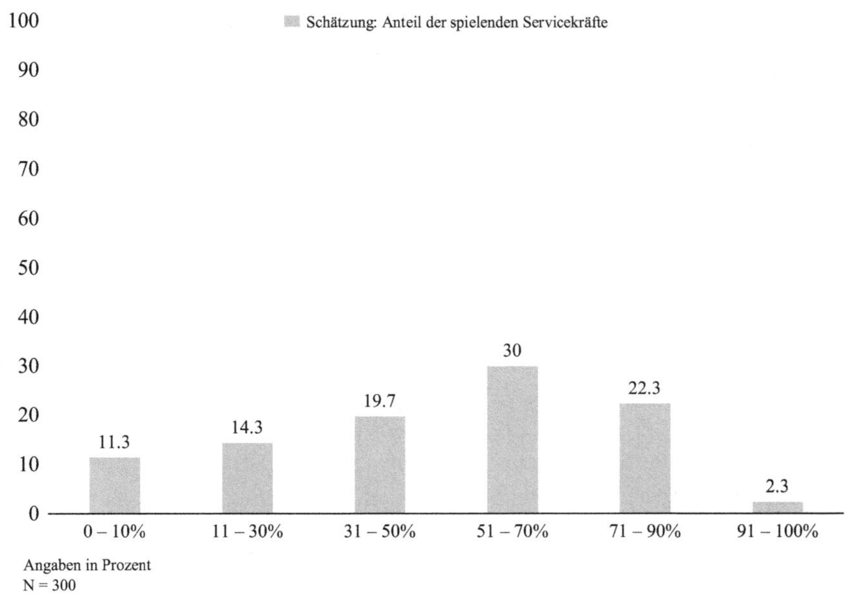

Abbildung 17: Einschätzung des Anteils von Spielhallen-Servicekräften, die am Glücksspiel teilnehmen

Aus der Abbildung geht hervor, dass die Einschätzung der TeilnehmerInnen deutlich über den tatsächlichen Ergebnissen der Befragung liegt. Ein Großteil der Befragten schätzt den Anteil auf 51 bis 70 Prozent (30 % der TeilnehmerInnen) beziehungsweise 71 bis 90 Prozent (22,3 % der TeilnehmerInnen). Weitere 19,7 Prozent der Befragten gehen davon aus, dass zwischen 31 und 50 Prozent aller Spielhallen-Servicekräfte an Glücksspielen teilnehmen. 2,3 Prozent der Befragten schätzen die SpielerInnenquote auf 91 bis 100 Prozent. Auf die Bereiche 0 bis 10 und 11 bis 30 Prozent entfallen 11,3 und 14,3 Prozent der TeilnehmerInnen.

Für die Betrachtung des Glücksspielverhaltens von Spielhallen-Servicekräften sind unter anderem die Spielorte von Geldspielautomaten von besonderer Relevanz. Diese sind der Tabelle 6 zu entnehmen.

Tabelle 6: Glücksspielorte von Geldspielautomaten

Spielorte	Spielendes Personal n = 88	
	n	%
In anderen Spielhallen	76	86,4
Gaststätten	19	21,6
An meinem Arbeitsplatz	13	14,8
Imbiss-/Dönerbuden	6	6,8
In einem Verein	1	1,1
Shisha-Bar	1	1,1

In Tabelle 6 werden die Angaben der spielenden Servicekräfte betrachtet (n = 88).

Insgesamt 86,4 Prozent der spielenden Spielhallen-Servicekräfte nutzen Geldspielautomaten in Spielhallen. Damit sind Spielhallen der mit Abstand am häufigsten genannte Spielort in Bezug auf Geldspielautomaten. Darauf folgen Gaststätten mit 21,6 Prozent und der eigene Arbeitsplatz mit 14,8 Prozent. Wie bereits in Abschnitt 2.3.2 *Entstehungsbedingungen* erwähnt, ist Spielhallen-Servicekräften das Spielen am eigenen Arbeitsplatz untersagt. Somit ist auffällig, dass der Arbeitsplatz dennoch am dritthäufigsten als Spielort genannt wird. 6,8 Prozent der Befragten nutzen Gelspielautomaten in Imbiss- und Dönerbuden. Weitere Spielorte sind Vereine (1,1 %) und Shisha-Bars (1,1 %).

Neben den Spielorten wurde auch nach den monatlichen Geldeinsätzen für Geldspielautomaten (in den letzten zwölf Monaten) gefragt. Die Ergebnisse finden sich in Tabelle 7.

Tabelle 7: Monatliche Geldeinsätze für Geldspielautomaten in den letzten zwölf Monaten

Geldeinsätze	Spielendes Personal		Männlich		Weiblich	
	n	%	n	%	n	%
1 – 10 €	15	17,0	4	13,3	11	19,0
11 – 30 €	14	15,9	6	20,0	8	13,8
31 – 50 €	18	20,5	8	26,7	10	17,2
51 – 70 €	5	5,7	2	6,7	3	5,2
71 – 90 €	15	17,0	4	13,3	11	19,0
> 90 €	21	23,9	6	20	15	25,9
Gesamt	88	100	30	100	58	100

Auch in Tabelle 7 werden nur die Angaben der spielenden Servicekräfte betrachtet. Diese Bezugsgruppe setzt sich aus 88 Personen zusammen, wovon 30 männliche und 58 weibliche Spielhallen-Servicekräfte sind.

23,9 Prozent der spielenden Servicekräfte setzten monatlich mehr als 90 Euro für Glücksspiel an Geldspielautomaten ein. Damit ist dieser Einsatzbereich der am häufigsten angegebene Spieleinsatz.

Weitere 20,5 Prozent der Befragten geben Geldeinsätze zwischen 31 und 50 Euro an. Die Einsatzbereiche von 71 bis 90 Euro sowie zwischen einem und zehn Euro werden jeweils von 17 Prozent der spielenden Servicekräfte genannt. 15,9 Prozent der TeilnehmerInnen spielen mit elf bis 30 Euro im Monat. Den Einsatzbereich von 51 bis 70 Euro nennen lediglich 5,7 Prozent der Befragten. Es ist somit festzustellen, dass knapp die Hälfte des spielenden Personals (46,6 %) mehr als 50 Euro im Monat an Geldspielautomaten einsetzt.

Auch bei den weiblichen Befragten werden am häufigsten mehr als 90 Euro als Spieleinsatz genannt. Bei den Männern hingegen liegt der am häufigsten genannte Spieleinsatz zwischen 31 und 50 Euro, wobei auch bei ihnen Geldeinsätze über 90 Euro (zusammen mit Einsätzen zwischen elf und 30 Euro) am zweithäufigsten genannt werden.

Während Spieleinsätze von 71 bis 90 Euro (zusammen mit Einsätzen zwischen einem und zehn Euro) bei den Männern an dritter Stelle mit 13,3 Prozent folgen, werden diese Einsatzbereiche bei den Frauen am zweithäufigsten (19 %) genannt.

Der Einsatzbereich von 51 bis 70 Euro wird sowohl von den männlichen (6,7 %) als auch von den weiblichen Befragten (5,2 %) vergleichsweise selten genannt.

Es lässt sich somit feststellen, dass 40 Prozent der Männer und 50,1 Prozent der Frauen (zum Teil deutlich) mehr als 50 Euro im Monat an Geldspielautomaten einsetzen.

Im Rahmen dieser Arbeit wurde die Hypothese aufgestellt, dass Spielhallen-Servicekräfte vermehrt Trinkgelder, Geld von KundInnen (geschenkte Spieleinsätze) oder Geld aus der Kasse der eigenen Spielhalle verwenden, um an Geldspielautomaten zu spielen (s. Abschn. 3.4 *Kernaussagen der Erhebung* und Abschn. 2.3.3 *Folgen von problematischem und pathologischem Glücksspielverhalten*). Zur Überprüfung dieser Hypothese wurde nach der Herkunft der Geldeinsätze für die Nutzung von Geldspielautomaten gefragt (s. Tab. 8).

Tabelle 8: Herkunft der Geldeinsätze für die Nutzung von Geldspielautomaten

Herkunft der Geldeinsätze	Spielendes Personal n = 88		Männlich n = 30		Weiblich n = 58	
	n	%	n	%	n	%
Mein eigenes Geld	78	88,6	27	90,0	51	87,9
Trinkgelder	51	58,0	19	63,3	32	55,2
Geld aus der Kasse meiner Spielhalle	7	8,0	6	20,0	1	1,7
Geld von KundInnen (geschenkte Spieleinsätze)	6	6,8	5	16,7	1	1,7
Geliehenes Geld	5	5,7	2	6,7	3	5,2

Auch in dieser Tabelle wird nur die Bezugsgruppe der spielenden Servicekräfte betrachtet.

Insgesamt 88,6 Prozent der Befragten (und somit der Großteil) geben an, ihr eigenes Geld für die Nutzung von Geldspielautomaten einzusetzen. Darauf folgt mit einer Nennung von 58 Prozent der Befragten der Einsatz von Trinkgeldern. Diese Ausprägungen spiegeln sich sowohl bei den männlichen (90 % und 63,3 %) als auch bei den weiblichen (87,9 % und 55,2 %) Spielhallen-Servicekräften wider.

Weitere acht Prozent der Befragten spielen mit Geldern aus der Kasse der eigenen Spielhalle. Während dies nur 1,7 Prozent der Frauen tun, geben 20 Prozent der Männer die Kasse als Quelle für Spieleinsätze an. Die private Nutzung von Kasseninhalten stellt eine illegale Handlung dar und kann den Arbeitsplatzverlust als Konsequenz nach sich ziehen. In Anbetracht dieser Tatsache ist die hohe Ausprägung bei den männlichen Befragten besonders auffällig.

Auch geschenkte Spieleinsätze von KundInnen weisen bei den männlichen Spielhallen-Servicekräften eine Ausprägung von 16,7 Prozent auf, insgesamt liegt sie bei 6,8 Prozent. Bei den weiblichen Spielhallen-Servicekräften ist die Verwendung von geschenkten Spieleinsätzen mit 1,7 Prozent vergleichsweise gering.

Aufgrund der Aussagen, die in den vorangegangenen qualitativen Interviews getroffen wurden, ist davon auszugehen, dass sowohl mit Kasseninhalten als auch mit geschenkten Spieleinsätzen direkt am Arbeitsplatz gespielt wird (s. Abschn. 3.4 *Kernaussagen der Erhebung*).

In diesem Zusammenhang sollte der Anteil an problematischen beziehungsweise pathologischen Glücksspielern/Glücksspielerinnen unter den Spielhallen-Servicekräften genauer betrachtet werden. Mithilfe des Brief Biosocial Gambling Screen (BBGS) wurden die TeilnehmerInnen bezüglich ihres Glücksspielverhaltens (in den letzten zwölf Monaten) befragt. Anhand der Angaben können die Spielhallen-Servicekräfte als auffällige und unauffällige GlücksspielerInnen klassifiziert werden. Als auffällige GlücksspielerInnen gelten Personen mit einem potenziellen pathologischen Glücksspielverhalten. Tiefer gehende Informationen werden mit diesem Screeningverfahren nicht dargestellt. Die Ergebnisse des BBGS sind der folgenden Tabelle zu entnehmen.

Tabelle 9: Klassifizierung nach Brief Biosocial Gambling Screen (BBGS)

Klassifizierung	Gesamt		Männlich		Weiblich		Spielendes Personal	
	N	%	n	%	n	%	n	%
Unauffällig	272	90,7	50	83,3	222	92,5	60	68,2
Auffällig	28	9,3	10	16,7	18	7,5	28	31,8
Gesamt	300	100,0	60	100,0	240	100,0	88	100,0

Nach dem BBGS können 9,3 Prozent aller befragten Spielhallen-Servicekräfte als (potenzielle) pathologische GlücksspielerInnen eingeordnet werden. Knapp ein Drittel (31,8 %) des spielenden Personals ist somit von pathologischem Glücksspielverhalten betroffen.

Während der Anteil der auffälligen weiblichen Glücksspielerinnen bei 7,5 Prozent liegt, ist der Anteil der auffälligen männlichen Glücksspieler mehr als doppelt so hoch (16,7 %).

In Tabelle 10 werden die Klassifizierungen nach Alter dargestellt.

Tabelle 10: Klassifizierung nach Brief Biosocial Gambling Screen (BBGS) nach Alter

Klassifizierung	Altersgruppen													
	18 – 25		26 – 35		36 – 45		46 – 55		56 – 65		66 – 75		76 – 85	
	n	%	n	%	n	%	n	%	n	%	n	%	n	%
Unauffällig	26	86,7	60	85,7	51	89,5	72	93,5	51	94,4	10	100,0	2	100,0
Auffällig	4	13,3	10	14,3	6	10,5	5	6,5	3	5,6	0	0	0	0
Gesamt	30	100,0	70	100,0	57	100,0	77	100,0	54	100,0	10	100,0	2	100,0

N = 300

Bei der Klassifizierung nach Alter lässt sich feststellen, dass die Altersgruppen der 18- bis 25-Jährigen (13,3 %) und der 26- bis 35-Jährigen (14,3 %) die höchsten Anteile an (potenziellen) pathologischen Glücksspielern/Glücksspielerinnen aufweisen. Bezüglich der Altersgruppen nimmt der Anteil der auffälligen GlücksspielerInnen mit zunehmendem Alter ab.

Wie bereits in Abschnitt *2.3.1 Betroffene und Risikogruppen* beschrieben, nimmt die Wahrscheinlichkeit für ein mindestens problematisches Glücksspielverhalten mit steigender Bildungshöhe ab. Hinsichtlich der Klassifizierung nach Bildungsabschlüssen sind jedoch in der Bezugsgruppe der Spielhallen-Servicekräfte Besonderheiten zu erkennen (s. Tab. 11).

Tabelle 11: Klassifizierung nach Brief Biosocial Gambling Screen (BBGS) nach Bildungsabschlüssen

Klassifizierung	Kein Schulabschluss		Hauptschulabschluss		Realschule (mittlere Reife)		Fachabitur		Gymnasium (Abitur)		Abgeschlossene Berufsausbildung		Studium	
	n	%	n	%	n	%	n	%	n	%	n	%	n	%
Unauffällig	6	100,0	52	96,3	81	91,0	12	75,0	10	71,4	94	90,4	17	100,0
Auffällig	0	0	2	3,7	8	9,0	4	25,0	4	28,6	10	9,6	0	0
Gesamt	6	100,0	54	100,0	89	100,0	16	100,0	14	100,0	104	100,0	17	100,0

N = 300

Die stärksten Ausprägungen finden sich bei Spielhallen-Servicekräften mit Abitur (28,6 %) beziehungsweise mit Fachabitur (25 %). Darauf folgen Spielhallen-Servicekräfte, die eine abgeschlossene Berufsausbildung (9,6 %) als höchsten Bildungsabschluss angegeben haben. Somit ist der Anteil der auffälligen GlücksspielerInnen in den Bezugsgruppen mit höherer Bildung (abgesehen vom Studienabschluss) besonders hoch. Bei den Personengruppen mit mittlerer Reife oder Hauptschulabschluss beträgt der Anteil der mindestens problematischen GlücksspielerInnen neun beziehungsweise 3,7 Prozent. Die Personengruppen ohne Schulabschluss und jene mit Studienabschluss weisen nach der

Klassifizierung des Brief Biosocial Gambling Screen keine auffälligen GlücksspielerInnen auf. Es ist somit festzustellen, dass der Anteil der auffälligen GlücksspielerInnen mit zunehmenden Bildungsabschlüssen (bis zum Abitur) steigt.

In diesem Zusammenhang ist es von Interesse, inwieweit sich die Einschätzungen der Spielhallen-Servicekräfte (bezüglich des Anteils der spielenden Servicekräfte mit glücksspielbezogenen Problemen) mit den tatsächlichen Ergebnissen der Erhebung decken. Die Einschätzung der Befragten lässt sich der folgenden Abbildung entnehmen.

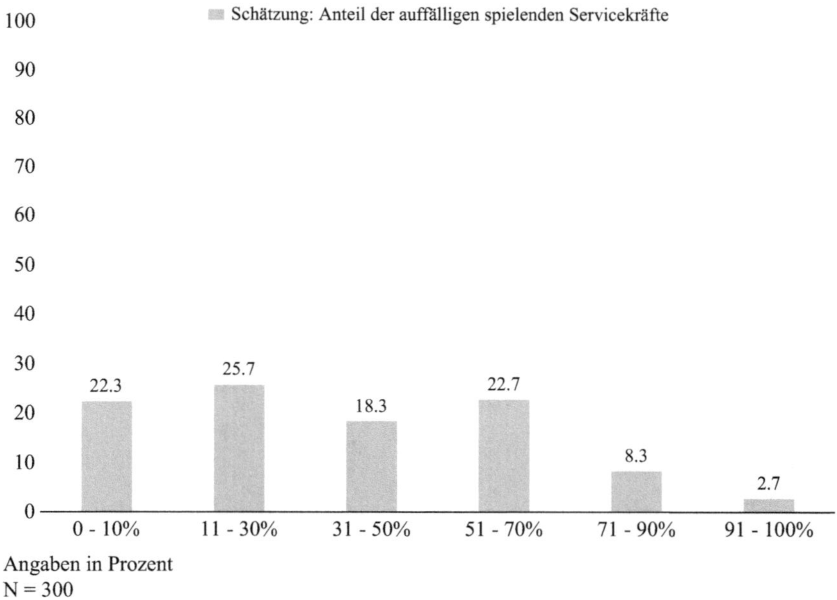

Abbildung 18: Einschätzung des Anteils von auffälligen spielenden Servicekräften

Wie bereits bei der Einschätzung des Anteils der spielenden Spielhallen-Servicekräfte liegt auch hier die Einschätzung deutlich über den tatsächlichen Ergebnissen der Befragung. 22,3 Prozent der TeilnehmerInnen schätzen den Anteil auf zehn bis 20 Prozent. Weitere 25,7 gehen von einem Anteil zwischen elf und 30 Prozent aus. Die übrigen 52 Prozent der Befragten schätzen den Anteil deutlich höher ein.

Für ein besseres Verständnis des bisher beschriebenen Glücksspielverhaltens werden im folgenden Abschnitt die Bedingungen für regelmäßiges Glücksspiel dargestellt. Dabei liegen die Schwerpunkte auf der Nutzung von Geldspielautomaten vor und während der beruflichen Tätigkeit, den Glücksspielmotiven und der Relevanz von Geldgewinnen (der KundInnen) in Bezug auf Trinkgelder (Forschungsfrage 2). Außerdem wird auf das Einschätzen von Gewinnmöglichkeiten und -zeitpunkten durch Spielhallen-Servicekräfte eingegangen (Forschungsfrage 2a).

4.1.2.1 Bedingungen für regelmäßiges Glücksspiel bei Spielhallen-Servicekräften

Um die Auswirkung der beruflichen Tätigkeit auf das Glücksspielverhalten von Spielhallen-Servicekräften zu untersuchen, werden zunächst die Teilnahmeprävalenzen an Geldspielautomaten vor und während der beruflichen Tätigkeit betrachtet. In Abbildung 19 wird die Nutzung von Geldspielautomaten vor der beruflichen Tätigkeit (als Spielhallen-Servicekraft) und in den letzten zwölf Monaten dargestellt.

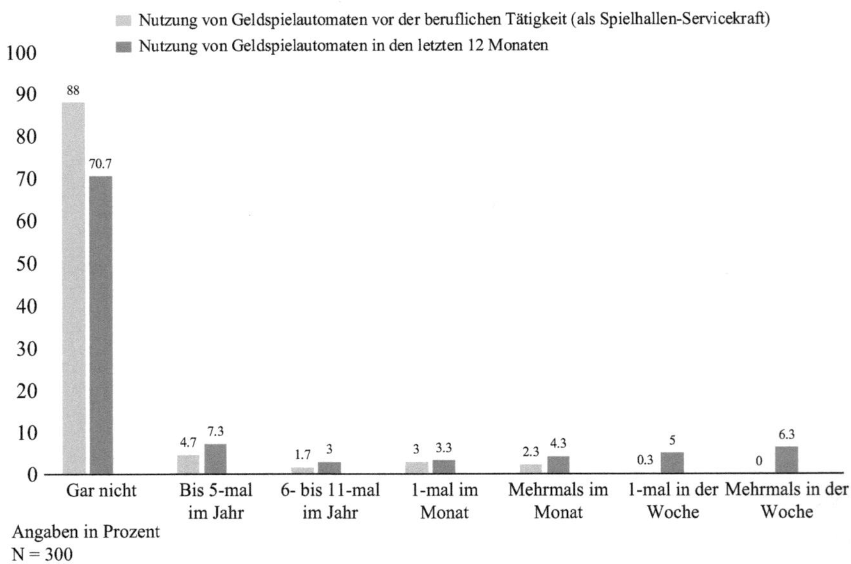

Abbildung 19: Teilnahmeprävalenz an Geldspielautomaten vor der beruflichen Tätigkeit (als Spielhallen-Servicekraft) und in den letzten zwölf Monaten

Aus der Abbildung geht hervor, dass die SpielerInnenquote (im Laufe der beruflichen Tätigkeit als Spielhallen-Servicekraft) von 22 auf 29,7 Prozent angestiegen ist. Auch bei den einzelnen Teilnahmeprävalenzen ist ein deutlicher Anstieg zu verzeichnen. Besonders auffällig ist der Anstieg in den Spielhäufigkeitskategorien „mehrmals in der Woche" (von 0 auf 6,3 %) und „wöchentlich" (von 0,3 auf 5 %). Aber auch bei der Spielhäufigkeitskategorie „mehrmals im Monat" ist die Anzahl der Nennungen von 2,3 auf 4,3 Prozent angestiegen. Einen ähnlich starken Anstieg weist die Teilnahme am Glücksspiel „bis fünfmal im Jahr" auf (von 4,7 auf 7,3 %).

Auf die übrigen Teilnahmeprävalenzen („sechs- bis elfmal im Jahr" und „monatlich") entfallen Anstiege von 0,3 und 1,3 Prozent.

Es kann somit davon ausgegangen werden, dass sowohl die SpielerInnenquote als auch die Teilnahmeprävalenz durch die berufliche Tätigkeit zugenommen haben. Die TeilnehmerInnen wurden in diesem Zusammenhang gefragt, ob die Tätigkeit sie oder andere Angestellte zum Spielen an Geldspielautomaten verleite (s. Abb. 20).

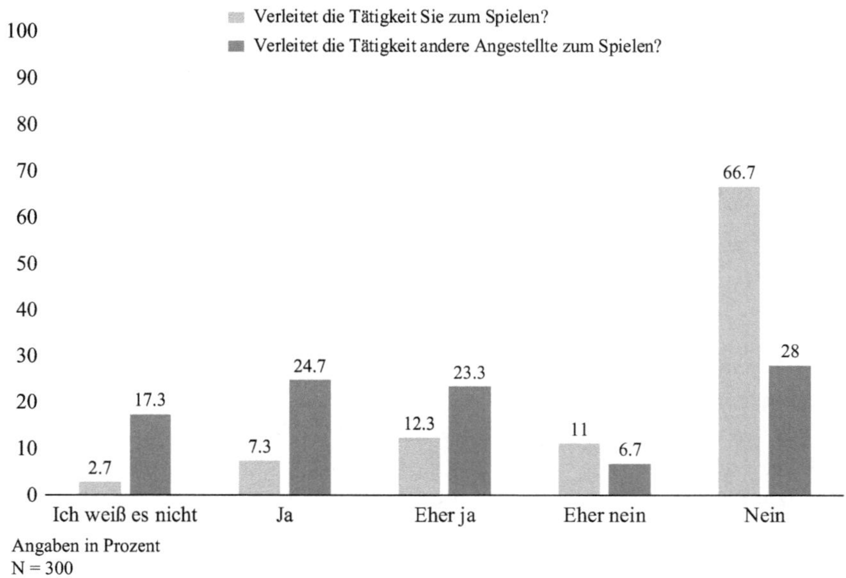

Abbildung 20: Verleitung der beruflichen Tätigkeit zum Spielen an Geldspielautomaten

Während ein Großteil der Befragten angibt, von der Tätigkeit nicht (66,7 %) oder eher nicht (11 %) zum Spielen verleitet zu werden, geht knapp die Hälfte der Befragten davon aus, dass andere Angestellte durch die Tätigkeit zum Spielen animiert werden („ja" = 24,7 %, „eher ja" = 23,3 %). Auffällig sind in diesem Zusammenhang die eher niedrigen Angaben bezüglich der eigenen Verleitung bei „ja" (7,3 %) und „eher ja" (12,3 %).

An dieser Stelle sollen auch die Motive für die Nutzung von Geldspielautomaten genauer betrachtet werden. Die Bezugsgruppe sind hier Spielhallen-Servicekräfte, die in den letzten zwölf Monaten an Geldspielautomaten gespielt haben.

Tabelle 12: Glücksspielmotive für die Nutzung von Geldspielautomaten

Glücksspielmotive	Spielendes Personal n = 88		Männlich n = 30		Weiblich n = 58	
	n	%	n	%	n	%
Geldgewinn	53	60,2	20	66,7	33	56,9
Ablenkung	39	44,3	12	40,0	27	46,6
Entspannung	30	34,1	7	23,3	23	39,7
Ungestört sein	11	12,5	3	10,0	8	13,8
Geselligkeit	10	11,4	4	13,3	6	10,3
Spaß	4	4,5	3	10,0	1	1,7
Ich kenne mich aus	3	3,4	0	0	3	5,2
Langeweile	1	1,1	0	0	1	1,7
Mitbewerber Beobachtung	1	1,1	0	0	1	1,7
Neue Spiele kennenlernen	1	1,1	0	0	1	1,7
Unterhaltung	1	1,1	1	3,3	0	0

Das Hauptmotiv für die Nutzung von Geldspielautomaten ist der „Geldgewinn" – 60,2 Prozent geben „Geldgewinn" als Motiv für das Glücksspiel an Geldspielautomaten an. An zweiter Stelle liegt das Motiv „Ablenkung" (44,3 %), worauf die Motive „Entspannung" (34,1 %), „Ungestört sein" (12,5 %) und „Geselligkeit" (11,4 %) folgen. An den letzten Stellen liegen die Motive „Spaß" (4,5 %) und „Ich kenne mich aus" (3,4 %).

Außerdem wurden von jeweils einer Person die Motive „Langeweile", „Neue Spiele kennenlernen", „Unterhaltung" und „Mitbewerber Beobachtung" angegeben. Hierbei ist zu beachten, dass die Beobachtung von Mitbewerbern nicht zu den standardmäßigen Aufgaben einer Spielhallen-Servicekraft zählt (s. Abschn. 2.2.2 *Spielhallen-Servicekraft*).

Während die Motive „Geldgewinn", „Geselligkeit" und „Spaß" häufiger von den Männern genannt werden, werden die Motive „Ablenkung", „Entspannung" und „Ungestört sein" vermehrt von den Frauen angeführt. Auffällig ist in diesem Zusammenhang, dass das Motiv „Spaß" mehr als fünfmal so häufig von den männlichen Spielhallen-Servicekräften genannt wird. Das Motiv „Ich kenne mich aus" wird dahingegen ausschließlich von den weiblichen Spielhallen-Servicekräften angegeben.

Neben den Glücksspielmotiven soll auch auf die Einschätzungen (der Spielhallen-Servicekräfte) von Gewinnmöglichkeiten und -zeitpunkten an Geldspielautomaten eingegangen werden. Im Rahmen der theoretischen Vorarbeit wurde die Hypothese aufgestellt, dass Spielhallen-Servicekräfte davon ausgehen, Gewinnmöglichkeiten und -zeitpunkte mithilfe ihrer Berufserfahrung einschätzen zu können. Aus diesem Grund wurden entsprechende Items zur Feststellung von Glücksspieleinstellungen von Spielhallen-Servicekräften formuliert. Die Ergebnisse sind der folgenden Abbildung zu entnehmen.

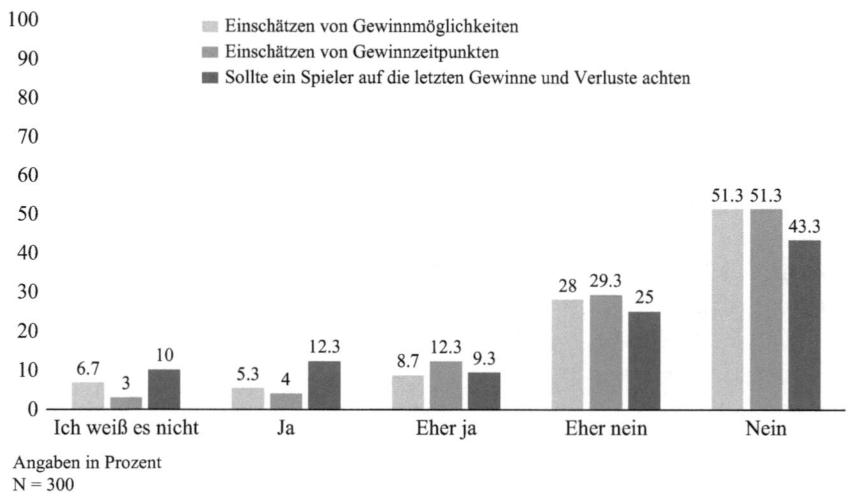

Abbildung 21: Einschätzung von Gewinnmöglichkeiten und -zeitpunkten

Aus der Abbildung geht hervor, dass 14 beziehungsweise 16,3 Prozent der Spielhallen-Servicekräfte dazu tendieren, Gewinnmöglichkeiten oder -zeitpunkte einschätzen zu können. Auffällig ist in diesem Zusammenhang jedoch, dass es 21,6 Prozent der TeilnehmerInnen als wichtig erachten, die letzten Gewinne und Verluste von Geldspielautomaten zu verfolgen, um einen Gewinn zu erzielen. Sofern das Wissen um die Unberechenbarkeit eines Geldspielautomaten (in Bezug auf Gewinnausschüttungen) besteht, sind auch die letzten Gewinne und Verluste zur Erzielung eines Gewinnes nicht von Relevanz.

Weitere 6,7 beziehungsweise drei Prozent der Spielhallen-Servicekräfte wissen nicht, ob sie Gewinnmöglichkeiten oder -zeitpunkte mithilfe ihrer Berufserfahrung einschätzen können.

Der Großteil der TeilnehmerInnen geht somit nicht davon aus, Gewinnmöglichkeiten und -zeitpunkte vorhersagen zu können. Auch die Berücksichtigung vergangener Gewinne und Verluste an Geldspielautomaten erachten die meisten Spielhallen-Servicekräfte als irrelevant.

Es kann somit festgestellt werden, dass lediglich ein Teil der Befragten davon ausgeht, mithilfe ihrer Berufserfahrung Rückschlüsse auf Gewinnmöglichkeiten und -zeitpunkte ziehen zu können. Auf (weitere) kognitive Verzerrungen von Spielhallen-Servicekräften wird in Abschnitt 4.*1.2.2 Impulsivität und kognitive Verzerrungen* genauer eingegangen.

Wie bereits beschrieben, begleiten Spielhallen-Servicekräfte (im Rahmen der beruflichen Tätigkeit) den Prozess des Glücksspielens bei KundInnen. Sie wechseln Geld, beraten bei der Auswahl des Spiels und erleben die mit überschwänglicher Euphorie verbundenen Situationen bei Höchstgewinnen zusammen mit den Spielern/Spielerinnen. In der Regel besteht eine passive Partizipation am Spielprozess. Bei der Darstellung der Bedingungen für regelmäßiges Glücksspiel bei Spielhallen-Servicekräften sollte daher auch die Partizipation am Prozess des Spielens genauer betrachtet werden.

Gewinne von KundInnen sind häufig mit Trinkgeldern verbunden. Durch diese Form der Gewinnbeteiligung wird die Partizipation am Prozess des Spielens intensiviert. In der Folge ist ein vermehrtes „Mitfiebern" der Spielhallen-Servicekräfte während des Spiels (der KundInnen) zu beobachten. Die TeilnehmerInnen wurden diesbezüglich nach der Relevanz von Geldgewinnen in Bezug auf Trinkgelder befragt (s. Tab. 13).

Tabelle 13: Relevanz von Geldgewinnen (der KundInnen) in Bezug auf Trinkgelder

	Gesamt		Männlich		Weiblich	
	N	%	n	%	n	%
Ich weiß es nicht	9	3,0	2	3,3	7	2,9
Ja	119	39,7	29	48,3	90	37,5
Eher ja	40	13,3	11	18,3	29	12,1
Eher nein	31	10,3	4	6,7	27	11,3
Nein	101	33,7	14	23,3	87	36,3
Gesamt	300	100,0	60	100,0	240	100,0

Insgesamt 39,7 Prozent aller Befragten sehen einen Zusammenhang zwischen den Geldgewinnen der KundInnen und der Höhe ihrer Trinkgelder. Weitere 13,3 Prozent erachten Geldgewinne als „eher" relevant in Bezug auf die Trinkgelder. Ein ähnliches Meinungsbild ergibt sich auch bei den weiblichen Befragten.

Deutlich stärkere Ausprägungen sind diesbezüglich bei den männlichen Befragten zu erkennen. Insgesamt 48,3 Prozent der Teilnehmer beurteilen Geldgewinne der KundInnen als wichtig. Weitere 18,3 Prozent der Teilnehmer halten die Geldgewinne der KundInnen für „eher" wichtig.

Weiterhin erachten 76,2 Prozent des spielenden Personals (n = 88) Geldgewinne der KundInnen für wichtig (58 %) oder eher wichtig (18,2 %). Bei den nicht spielenden Servicekräften liegt der Anteil (der Geldgewinne der KundInnen für wichtig oder eher wichtig erachtet) bei 43,4 Prozent.

4.1.2.2 Impulsivität und kognitive Verzerrungen

Mithilfe der Skala Impulsives-Verhalten-8 (I-8) wurden die TeilnehmerInnen mittels acht Fragen bezüglich des Merkmals Impulsivität untersucht. Die Ergebnisse können als mögliche Erklärvariablen für das festgestellte Glücksspielverhalten herangezogen werden.

Mit jeweils zwei aufeinanderfolgenden Fragen konnte eine Facette von Impulsivität erfasst werden. Aus den jeweiligen Punktwerten der einzelnen Facetten wurden Gruppenmittelwerte errechnet. Hohe Werte in den Bereichen „Dringlichkeit" und „Risikobereitschaft" sowie niedrige Werte in den Bereichen „Ausdauer" und „Absicht" weisen dabei eine hohe Ausprägung von Impulsivität auf. Die Minima beziehungsweise Maxima liegen bei eins beziehungsweise fünf (s. Abschn. 3.5.2 *Methodik der Befragung*). In der folgenden Tabelle werden die Ergebnisse der einzelnen Facetten von Impulsivität dargestellt.

Tabelle 14: Ergebnisse der Skala Impulsives-Verhalten-8

	Gesamt N = 300	Standard-abweichung
Dringlichkeit	*M* = 2,14	1,01
Absicht	*M* = 3,92	0,93
Ausdauer	*M* = 4,19	0,83
Risikobereitschaft	*M* = 3,23	1,20

Zur genaueren Auswertung der einzelnen Mittelwerte werden die Referenzwerte der Skala Impulsives-Verhalten-8 hinzugezogen. Diese ermöglichen einen Vergleich der erhobenen Werte mit den I-8-Werten aus einer bevölkerungsrepräsentativen Zufallsstichprobe. In diesem Zusammenhang wird zwischen geringen, mittleren und hohen Werten/Ausprägungen unterschieden (vgl. Kovaleva et al., 2014, S. 15 ff.). Aufgrund der Unterschiede zwischen der Referenzstichprobe und dem hier zugrunde liegenden Sample (in Bezug auf Alter, Geschlecht etc.) ist die Aussagekraft des Datenvergleichs beschränkt. Für eine erste Einordnung der erhobenen Werte ist der Datenvergleich dennoch von Interesse.

Für den Bereich „Dringlichkeit" liegt der Referenzwert für eine geringe Ausprägung bei *M* = 2,40. Somit liegt der Wert der Spielhallen-Servicekräfte mit *M* = 2,14 deutlich unter dem Referenzwert.

Eine hohe Ausprägung ist bei der Facette „Risikobereitschaft" ab dem Referenzwert *M* = 3,20 zu erkennen. Der Mittelwert der Spielhallen-Servicekräfte (*M* = 3,23) weist dementsprechend eine hohe Ausprägung von Impulsivität in diesem Bereich auf.

Für die Bereiche „Absicht" und „Ausdauer" stellen (wie bereits beschrieben) niedrige Werte eine hohe Ausprägung von Impulsivität dar. Hohe Werte zeigen somit fortan ein gering ausgeprägtes impulsives Verhalten an. Für den Bereich „Absicht" liegt der Wert der Stichprobe bei *M* = 3,92. Laut den Referenzwerten stellt dieser Wert eine hohe Ausprägung (*M* = 3,90) dar. Auch hinsichtlich der „Ausdauer" ist ein hoher Wert festzustellen (hoher Wert ab *M* = 4,19).

Zusammenfassend weist die Stichprobe der Spielhallen-Servicekräfte lediglich für den Bereich „Risikobereitschaft" eine hohe Ausprägung von Impulsivität auf. In allen anderen Bereichen sind ausschließlich niedrige Ausprägungen von impulsivem Verhalten zu erkennen.

Von besonderem Interesse ist auch, inwiefern sich die Angaben des spielenden Personals von denen des nicht spielenden Personals sowie die Angaben der auffälligen von denen der unauffälligen GlücksspielerInnen unterscheiden. Diese Ergebnisse sind aus den Abschnitten *4.3 Vergleich zwischen nicht spielendem und spielendem Personal an Geldspielautomaten (A3)* und *4.4 Vergleich zwischen auffälligen und unauffälligen Glücksspielern/Glücksspielerinnen (A4)* zu entnehmen.

Neben der Untersuchung von impulsivem Verhalten sollen auch (mögliche) kognitive Verzerrungen bei Spielhallen-Servicekräften betrachtet werden. Dafür werden die Ergebnisse aus der Anwendung des Gamblers Beliefs Questionnaire herangezogen.

Tabelle 15: Ergebnisse des Gamblers Beliefs Questionnaire

	Gesamt N = 300	Männlich n = 60	Weiblich n = 240
Gesamt-Score	17,5	21,5	16,5
Standardabweichung	9,9	11,0	9,3

Der Gamblers Beliefs Questionnaire wurde im Rahmen der Entwicklung von Steenbergh, Meyers, May und Whelan (2002) bei 403 Personen angewendet. Der Durchschnitt der TeilnehmerInnen nahm gelegentlich an Glücksspielen teil. Somit kann der erhobene „Score" von 24,4 (für den Bereich „illusion of control") als Referenzwert verwendet werden (vgl. Kalke et al., 2018, S. 22 f.). Auch an dieser Stelle ist die Aussagekraft aufgrund der unterschiedlichen Stichproben jedoch begrenzt.

Der Gesamtscore der Stichprobe liegt mit 17,5 und einem Konfidenzintervall (95 % KI) von 16,4 bis 18,6 signifikant niedriger als der Wert der Referenzgruppe.

Bei der Betrachtung der Stichprobe nach Geschlecht ist festzustellen, dass der Wert der männlichen Spielhallen-Servicekräfte mit 21,5 signifikant über dem der weiblichen Spielhallen-Servicekräfte mit 16,5 liegt ($t = 3.60$, df = 298, $p \leq 0.001$).

Auch wenn beim Datenvergleich keine signifikanten Werte festzustellen sind, ist der Unterschied zwischen den Angaben der männlichen und jenen der weiblichen Spielhallen-Servicekräfte auffällig. Weitere Informationen aus der Erhebung mit dem Gamblers Beliefs Questionnaire sind aus den Abschnitten *4.3 Vergleich zwischen nicht spielendem und spielendem Personal an Geldspielautomaten (A3)* und *4.4 Vergleich zwischen auffälligen und unauffälligen Glücksspielern/Glücksspielerinnen (A4)* zu entnehmen.

Aufgrund der bisherigen Ergebnisse stellt sich die Frage, wie Spielhallen-Servicekräfte die gesetzlich vorgeschriebenen Spielerschutzmaßnahmen bewerten. Im folgenden Abschnitt werden daher die Angaben der TeilnehmerInnen bezüglich der Suchtpräventionsmaßnahmen (für KundInnen) ausgewertet (Forschungsfrage 3).

4.1.3 Einstellung von Spielhallen-Servicekräften zum Thema Spielerschutz

Für eine Bewertung der (gesetzlich vorgeschriebenen) Suchtpräventionsmaßnahmen durch Spielhallen-Servicekräfte sollte in einem ersten Schritt festgestellt werden, ob Suchtpräventionsmaßnahmen in den Unternehmen der Spielhallen-Servicekräfte existent sind (s. Abb. 22).

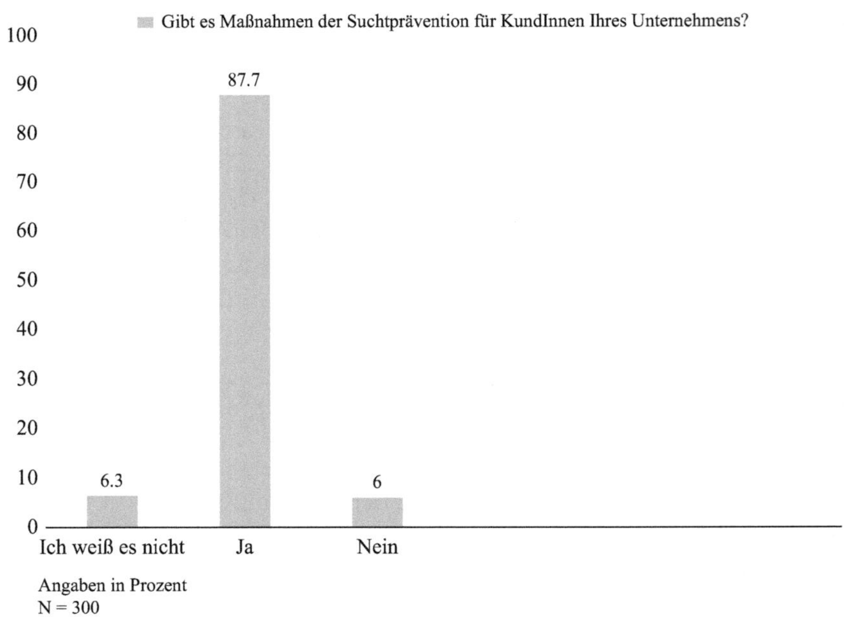

Abbildung 22: Existenz von (gesetzlich vorgeschriebenen) Maßnahmen der Suchtprävention für KundInnen

Aus der Abbildung geht hervor, dass 87,7 Prozent der Befragten von der Existenz einer Suchtprävention für KundInnen (in den jeweiligen Unternehmen) wissen. Insgesamt 6,3 Prozent der Befragten sind Maßnahmen der Suchtprävention nicht bekannt. Weitere sechs Prozent geben an, dass keine Suchtpräventionsmaßnahmen für KundInnen vorhanden sind. Somit können 12,3 Prozent der Spielhallen-Servicekräfte die gesetzlich vorgeschriebene Einhaltung des Spielerschutzes nicht gewährleisten. Die Einhaltung und Durchführung von Suchtpräventionsmaßnahmen zählen zu den Kernaufgaben einer Spielhallen-Servicekraft.

Im Rahmen der qualitativen Interviews wurde festgestellt, dass die InterviewpartnerInnen Suchtprävention für KundInnen größtenteils nicht als sinnvoll erachten (s. Abschn. 3.4 *Kernaussagen der Erhebung*). Aus diesem Grund wurden die TeilnehmerInnen der quantitativen Erhebung bezüglich ihrer Einstellung zur Suchtprävention für KundInnen befragt. Die Ergebnisse sind der folgenden Tabelle zu entnehmen.

Tabelle 16: Bewertung von Suchtprävention für KundInnen

	Gesamt		Männlich		Weiblich	
	N	%	n	%	n	%
Ich weiß es nicht	25	8,3	5	8,3	20	8,3
Sinnvoll	94	31,3	16	26,7	78	32,5
Eher sinnvoll	25	8,3	8	13,3	17	7,1
Weniger sinnvoll	85	28,3	16	26,7	69	28,8
Nicht sinnvoll	71	23,7	15	25,0	56	23,3
Gesamt	300	100,0	60	100,0	240	100,0

Deutlich weniger als die Hälfte der Befragten bewertet Suchtprävention für KundInnen als „sinnvoll" (31,3 %) oder „eher sinnvoll" (8,3 %). Dagegen schätzen 28,3 beziehungsweise 23,7 Prozent der Befragten Suchtprävention als „weniger sinnvoll" oder „nicht sinnvoll" ein.

Ähnliche Meinungsbilder ergeben sich bei den männlichen und den weiblichen Spielhallen-Servicekräften. Während jeweils circa 40 Prozent von ihnen Suchtprävention positiv oder eher positiv bewerten, bewertet jeweils über die Hälfte der Befragten Suchtprävention als „weniger sinnvoll" oder nicht „sinnvoll".

Der Anteil der Spielhallen-Servicekräfte, die Suchtprävention nicht bewerten können oder wollen, liegt sowohl bei der Gesamtbetrachtung als auch bei den männlichen und weiblichen Befragten konstant bei 8,3 Prozent.

Aufgrund des bisher dargestellten Sachverhalts sollten auch bestehende Maßnahmen der Suchtprävention für Spielhallen-Servicekräfte und arbeitsrechtliche Folgen für die Nutzung von Geldspielautomaten genauer betrachtet werden. Auf diese Themengebiete wird im nächsten Abschnitt näher eingegangen (Forschungsfrage 3a).

4.1.4 Suchtprävention im beruflichen Umfeld

Für einen Überblick über die Suchtpräventionen im beruflichen Umfeld wurden die TeilnehmerInnen hinsichtlich der Existenz von Maßnahmen der Suchtprävention für Angestellte des eigenen Unternehmens befragt. Dabei wurden die TeilnehmerInnen darum gebeten, die jeweiligen Maßnahmen zu nennen. Die Ergebnisse sind Tabelle 17 zu entnehmen.

Tabelle 17: Existenz von Maßnahmen der Suchtprävention für Angestellte des eigenen Unternehmens

	Gesamt	
	N	**%**
Ich weiß es nicht	79	26,3
Ja	82	27,3
Nein	139	46,3
Gesamt	**300**	**100,0**

Knapp die Hälfte der Befragten (46,3 %) gibt an, dass keine speziellen Angebote der Suchtprävention für Spielhallen-Servicekräfte vonseiten des Arbeitgebers zur Verfügung gestellt werden. Weitere 26,3 Prozent der Befragten wissen nicht, ob es Maßnahmen der Suchtprävention für Spielhallen-Servicekräfte im Unternehmen gibt.

Insgesamt führen 79 Personen (27,3 %) an, dass spezielle Suchtpräventionsmaßnahmen für Angestellte vorhanden sind. In diesem Zusammenhang werden von 39 Spielhallen-Servicekräften folgende Maßnahmen genannt:

- Schulungen/regelmäßige Seminare,
- AnsprechpartnerInnen im Unternehmen,
- Hilfeangeboten (persönliche Beratung, Beratungsgruppen, Vermittlung externer Beratungsstellen),

- Sperrung,
- Flyer,
- Internet,
- Sozialkonzept.

Bei den Angaben ist festzustellen, dass ein Teil der Maßnahmen (z. B. Sperrungen und Flyer) nicht speziell für die Angestellten des jeweiligen Arbeitsgebers angeboten werden und eher in den Bereich des Spielerschutzes für KundInnen fallen. Auch verpflichtende Schulungen und Seminare für Spielhallen-Servicekräfte dienen eher der Einhaltung des Spielerschutzes für KundInnen.

Spezielle Angebote für Angestellte (wie beispielsweise AnsprechpartnerInnen im Unternehmen, Beratungen und Hilfeangeboten) werden lediglich von sieben Personen genannt.

Bei der Betrachtung von Suchtpräventionsmaßnahmen nach Unternehmensgrößen fällt auf, dass die Existenz von Suchtpräventionsmaßnahmen für Angestellte in direktem Zusammenhang mit der jeweiligen Unternehmensgröße steht. So geben 41,3 Prozent der Befragten aus Unternehmen mit mehr als 300 Spielhallen an, dass Suchtpräventionsmaßnahmen für Angestellte zur Verfügung gestellt werden. Bei Unternehmen mit 151 bis 300 Spielhallen bestätigt sogar die Hälfte der Befragten (50 %) deren Existenz. Bei kleineren Unternehmen mit einer bis zehn, elf bis 50, 51 bis 100 und 101 bis 150 Spielhallen liegen die positiven Angaben lediglich bei 22,6, 29,7, 20 und 16,7 Prozent. In diesem Zusammenhang sind auch die arbeitsrechtlichen Konsequenzen für die Nutzung von Geldspielautomaten von besonderem Interesse (s. Tab. 18).

Tabelle 18: Arbeitsrechtliche Folgen für die Nutzung von Geldspielautomaten

Arbeitsrechtliche Folgen	Gesamt N = 300	
	N	%
Fristlose Kündigung	135	45,0
Abmahnung	63	21,0
Ich weiß es nicht	52	17,3
Ermahnung	42	14,0
Gar nichts	26	8,7
Hilfeangeboten	2	0,7

Einige Befragte geben mehrere mögliche Konsequenzen für die Nutzung von Geldspielautomaten an. Der Großteil der Befragten beschränkt sich jedoch auf eine Angabe.

Insgesamt 45 Prozent der Spielhallen-Servicekräfte führen die fristlose Kündigung als arbeitsrechtliche Folge für die Nutzung von Geldspielautomaten an. Weitere 21 Prozent nennen die Abmahnung als mögliche Konsequenz. Darauf folgen die Ermahnung (14 %), gar keine Konsequenzen (8,7 %) und Hilfeangeboten vonseiten des Arbeitgebers (0,7 %). Insgesamt 17,3 Prozent der Befragten kennen die arbeitsrechtlichen Folgen für die Nutzung von Geldspielautomaten (im eigenen Unternehmen) nicht.

Neben den arbeitsrechtlichen Konsequenzen ist auch die Kenntnis des Arbeitgebers bezüglich der Nutzung von Geldspielautomaten von Interesse. Als Bezugsgruppe wird in diesem Zusammenhang das spielende Personal herangezogen (s. Tab. 19).

Tabelle 19: Kenntnis des Arbeitgebers über die Nutzung von Geldspielautomaten durch die Befragten

	Spielende Spielhallen-Servicekräfte	
	n	%
Ja	26	29,5
Nein	62	70,5
Gesamt	**88**	**100,0**

Insgesamt 29,5 Prozent der Befragten geben an, dass der eigene Arbeitgeber von der Nutzung von Geldspielautomaten durch die/den Befragte/n weiß. Somit hat der Arbeitgeber in 70,5 Prozent der Fälle keine Kenntnisse bezüglich des Glücksspielverhaltens seiner Angestellten.

Im Rahmen dieser Frage wurde nicht zwischen der Nutzung inner- und außerhalb des eigenen Unternehmens unterschieden. Dementsprechend können keine Rückschlüsse auf ein gesetzeswidriges Verhalten vonseiten des Arbeitsgebers gezogen werden.

Im folgenden Abschnitt (Analyseschritt 2) werden die Anzahl gespielter Glücksspiele von Glücksspielern/Glücksspielerinnen an Geldspielautomaten und das Korrespondenzverhalten genauer betrachtet (Forschungsfrage 1/1a).

4.2 Korrespondenzanalyse (A2)

Bei diesem Analyseschritt liegt der Schwerpunkt auf automatenspielenden Spielhallen-Servicekräften. Zum einen sind Geldspielautomaten die am meisten genutzte Glücksspielform der Stichprobe und zum anderen werden die anderen Glücksspiele hauptsächlich von Glücksspielern/Glücksspielerinnen an Geldspielautomaten genutzt. Weiterhin bestehen eher niedrige Teilnahmeprävalenzen (bis 5-mal im Jahr beziehungsweise 6- bis 11-mal im Jahr) für die ausschließliche Nutzung von anderen Glücksspielformen als Geldspielautomaten. Aus diesem Grund bietet sich die Betrachtung der Subgruppe der automatenspielenden Spielhallen-Servicekräfte an.

Bevor genauer auf das Korrespondenzverhalten von automatenspielenden Spielhallen-Servicekräften eingegangen wird, wird vorerst die Anzahl der gespielten Glücksspiele betrachtet (s. Tab. 20).

Tabelle 20: Anzahl gespielter Glücksspiele von Glücksspielern/Glücksspielerinnen an Geldspielautomaten in den letzten zwölf Monaten (inklusive Geldspielautomaten)

Anzahl gespielter Glücksspiele	GlücksspielerInnen an Geldspielautomaten n = 88		Männlich		Weiblich	
	n	%	n	%	n	%
Ein Glücksspiel	55	62,5	10	33,3	45	77,6
Zwei Glücksspiele	18	20,5	8	26,7	10	17,2
Drei Glücksspiele	6	6,8	3	10,0	3	5,2
Vier Glücksspiele	5	5,7	5	16,7	0	0
Fünf Glücksspiele	4	4,5	4	13,3	0	0
Gesamt	88	100,0	30	100,0	58	100,0

Insgesamt geben 62,5 Prozent der automatenspielenden Servicekräfte an, in den letzten zwölf Monaten ausschließlich an Geldspielautomaten gespielt zu haben. Dabei ist festzustellen, dass der Anteil der männlichen Spielhallen-Servicekräfte (33,3 %) mit einem gespielten Glücksspiel deutlich geringer als der der weiblichen Spielhallen-Servicekräfte (77,6 %) ausfällt. Dementsprechend häufiger geben die Glücksspieler an, zwei (26,7 %), drei (10,0 %), vier (16,7 %) oder fünf Glücksspiele (13,3 %) gespielt zu haben. Während bei den Glücksspielern auch bei vier und fünf gespielten Glücksspielen noch verhältnismäßig hohe Angaben erfolgen, haben Glücksspielerinnen maximal an drei Glücksspielen (5,2 %) teilgenommen. Auf die Teilnahme an zwei Glücksspielen entfallen bei den weiblichen Spielhallen-Servicekräften 17,2 Prozent. Somit nimmt die Teilnehmerzahl (männlich und weiblich) mit steigender Glücksspielanzahl ab.

Bei der Betrachtung der Anzahl gespielter Glücksspiele sind auch die verwendeten Glücksspielformen von Relevanz. Diese sind aus der folgenden Tabelle zu entnehmen.

Tabelle 21: Korrespondenzverhalten von Glücksspielern/Glücksspielerinnen an Geldspielautomaten in den letzten zwölf Monaten

Glücksspiele	GlücksspielerInnen an Geldspielautomaten n = 88		Männlich n = 30		Weiblich n = 58	
	n	%	n	%	n	%
Ausschließlich Geldspielautomaten	55	62,5	10	33,3	45	77,6
Lotterien	21	23,9	13	43,3	8	13,8
Sportwetten	12	13,6	10	33,3	2	3,4
Angebote in Spielbanken	10	11,4	10	33,3	0	0
Internetglücksspiel	9	10,2	7	23,3	2	3,4
Privates Glücksspiel	9	10,2	5	16,7	4	6,9

Aus der Tabelle geht hervor, dass ein Großteil der Befragten ausschließlich an Geldspielautomaten spielt. Lotterien stellen die am häufigsten zusätzlich genutzte Glücksspielform dar. Insgesamt geben 23,9 Prozent der Befragten an, neben Geldspielautomaten auch an Lotterien teilzunehmen. Diese Tatsache lässt sich sowohl bei den männlichen (43,3 %) als auch bei den weiblichen Befragten (13,8 %) wiederfinden.

Darauf folgen die Teilnahme an Sportwetten (13,6 %) und das Glücksspiel in Spielbanken (11,4 %). An vierter und fünfter Stelle finden sich das Internetglücksspiel und private Glücksspiele mit jeweils 10,2 Prozent. Bei der geschlechterdifferenzierten Betrachtung ergeben sich hier zum Teil deutliche Unterschiede. Während jeweils 33,3 Prozent der männlichen Befragten Angebote in Spielbanken und Sportwetten nutzen, geben lediglich 3,4 Prozent der weiblichen Befragten an, an Sportwetten teilzunehmen. Angebote in Spielbanken werden von ihnen nicht zusätzlich zum Glücksspiel an Geldspielautomaten genutzt.

Internetglücksspiele und private Glücksspiele werden bei den Glücksspielern von 23,3 und 16,7 Prozent sowie bei den Glücksspielerinnen von 3,4 und 6,9 Prozent gespielt.

Im folgenden Abschnitt (Analyseschritt 3) wird ein ausführlicher Vergleich zwischen nicht spielendem und spielendem Personal an Geldspielautomaten gezogen (Forschungsfrage 4). Dabei liegt das Hauptaugenmerk auf den signifikanten Prädiktoren mit Glücksspielverhalten.

4.3 Vergleich zwischen nicht spielendem und spielendem Personal an Geldspielautomaten (A3)

Im Rahmen des Vergleichs werden ausschließlich GlücksspielerInnen an Geldspielautomaten als spielendes Personal betrachtet. Die Gründe spiegeln sich mit den in Abschnitt 4.*2 Korrespondenzanalyse (A2)* gemachten Angaben.

Im Rahmen dieses Analyseschritts wird die Angabe „Ich weiß es nicht“ als Missing betrachtet. Die Ergebnisse des Vergleichs sind der folgenden Tabelle zu entnehmen.

Tabelle 22: Vergleich zwischen nicht spielendem und spielendem Personal

Items	Spielendes Personal n = 88		Nicht spielendes Personal n = 212		Teststatistik
	n	%	n	%	
Geschlecht					**χ^2 (1, *N* = 300) = 15.453, *p* ≤ 0.001, V = 0.227**
Männlich	**30/88**	**34,1**	**30/212**	**14,2**	
Weiblich	**58/88**	**65,9**	**182/212**	**85,8**	
Alter					***U* (88, 212) = 6621.000, *z* = -4.046, *p* ≤ 0.001, *d* = 0.537**
18 – 25	**15/88**	**17,0**	**15/212**	**7,1**	
26 – 35	**29/88**	**33,0**	**41/212**	**19,3**	
36 – 45	**15/88**	**17,0**	**42/212**	**19,8**	
46 – 55	**17/88**	**19,3**	**60/212**	**28,3**	
56 – 65	**12/88**	**13,6**	**42/212**	**19,8**	
66 – 75	**0/88**	**0**	**10/212**	**4,7**	
76 – 85	**0/88**	**0**	**2/212**	**0,9**	
Bildungsabschluss					χ^2 (6, *N* = 300) = 5.577, *p* = 0.472, V = 0.136
Kein Schulabschluss	3/88	3,4	3/212	1,4	
Hauptschulabschluss	11/88	12,5	43/212	20,3	
Realschule	25/88	28,4	64/212	30,2	
Fachabitur	7/88	8,0	9/212	4,2	
Abitur	5/88	5,7	9/212	4,2	
Abgeschlossene Berufsausbildung	31/88	35,2	73/212	34,4	
Studium	6/88	6,8	11/212	5,2	
Migrationshintergrund					χ^2 (1, *N* = 300) = 0.191, *p* = 0.662, V = 0.025
Ja	36/88	40,9	81/212	38,2	
Nein	52/88	59,1	131/212	61,8	
Berufserfahrung als Spielhallen-Servicekraft (in Jahren)					*U* (88, 212) = 8159.500, *z* = -1.746, *p* = 0.081, *d* = 0.268
1 – 2	26/88	29,5	63/212	29,7	
3 – 4	25/88	28,4	33/212	15,6	
5 – 6	9/88	10,2	25/212	11,8	
7 – 8	11/88	12,5	18/212	8,5	
9 – 10	8/88	9,1	30/212	14,2	
> 10	9/88	10,2	43/212	20,3	
Unternehmensgröße (in Spielhallen)					*U* (88, 212) = 9309.000, *z* = -0.031, *p* = 0.975, *d* = -0.027
1 – 10	50/88	56,8	118/212	55,7	
11 – 50	17/88	19,3	47/212	22,2	
51 – 100	3/88	3,4	7/212	3,3	
101 – 150	2/88	2,3	4/212	1,9	
151 – 300	2/88	2,3	4/212	1,9	
> 300	14/88	15,9	32/212	15,1	
Einschätzen von Gewinnmöglichkeiten					***U* (86, 194) = 6540.000, *z* = -3.212, *p* ≤ 0.001, *d* = 0.036**
Ja	**2/86**	**2,3**	**14/194**	**7,2**	
Eher ja	**16/86**	**18,6**	**10/194**	**5,2**	
Eher nein	**34/86**	**39,5**	**50/194**	**25,8**	
Nein	**34/86**	**39,5**	**120/194**	**61,9**	
Einschätzen von Gewinnzeitpunkten					***U* (88, 203) = 5872.000, *z* = -5.118, *p* ≤ 0.001, *d* = 0.393**
Ja	**3/88**	**3,4**	**9/203**	**4,4**	
Eher ja	**27/88**	**30,7**	**10/203**	**4,9**	

Tabelle 22: Fortsetzung

Items	Spielendes Personal n = 88		Nicht spielendes Personal n = 212		Teststatistik
	n	%	n	%	
Eher nein	29/88	33,0	59/203	29,1	
Nein	29/88	33,0	125/203	61,6	
Sollten SpielerInnen auf die letzten Gewinne und Verluste achten?					U (85, 185) = 5241.500, z = -4.734, $p \leq 0.001$, d = 0.264
Ja	19/85	22,4	18/185	9,7	
Eher ja	20/85	23,5	8/185	4,3	
Eher nein	19/85	22,4	56/185	30,3	
Nein	27/85	31,8	103/185	55,7	
Gamblers Beliefs Questionnaire	88	M = 24,0	212	M = 14,8	t (298) = -8.07, $p \leq 0.001$, d = -0.935
Ich sehe Glücksspiel als eine Herausforderung an.	88	M = 2,6	212	M = 1,9	t (298) = -3.12, p = 0.002, d = -0.391
Ich sollte die Übersicht über vorangegangene Strategien behalten, um so herauszufinden, wie ich in der Zukunft spielen sollte.	88	M = 2,7	212	M = 1,7	t (298) = -4.91, $p \leq 0.001$, d = -0.583
Mein Wissen und Können beeinflussen die Wahrscheinlichkeit, dass ich Geld machen werde.	88	M = 2,5	212	M = 1,4	t (298) = -6.45, $p \leq 0.001$, d = -0.725
Glücksspiel ist mehr als reines Glück.	88	M = 4,8	212	M = 3,6	t (298) = -3.26, $p \leq 0.001$, d = -0.419
Meine Entscheidungen oder Handlungen wirken sich auf das Spiel, bei dem ich gesetzt habe, aus.	88	M = 3,5	212	M = 1,9	t (298) = -6.58, $p \leq 0.001$, d = -0.786
Meine Siege beim Glücksspiel zeugen davon, dass ich über Können und Wissen im Bereich des Glücksspiels verfüge.	88	M = 2,5	212	M = 1,5	t (298) = -5.25, $p \leq 0.001$, d = -0.629
Ich habe mehr Können und Wissen im Bereich des Glücksspiels als die meisten Leute, die spielen.	88	M = 2,7	212	M = 1,5	t (298) = -6.96, $p \leq 0.001$, d = -0.821
Ich habe eine „Glückstechnik", die ich beim Spielen anwende.	88	M = 2,8	212	M = 1,2	t (298) = -9.32, $p \leq 0.001$, d = -0.959
Impulsives Verhalten					
Dringlichkeit	88	M = 2,55	212	M = 1,98	t (298) = -4.59, $p \leq 0.001$, d = -0.569
Absicht	88	M = 3,71	212	M = 4,01	t (298) = 2.58, p = 0.010, d = 0.336
Ausdauer	88	M = 3,96	212	M = 4,28	t (298) = 3.06, p = 0.002, d = 0.393
Risikobereitschaft	88	M = 3,82	212	M = 2,98	t (298) = -5.82, $p \leq 0.001$, d = -0.781
Relevanz von Geldgewinnen (der KundInnen) in Bezug auf Trinkgelder					U (87, 204) = 6020.000, z = -4.614,

(*fortgeführt*)

Tabelle 22: Fortsetzung

Items	Spielendes Personal n = 88		Nicht spielendes Personal n = 212		Teststatistik
	n	%	n	%	
Ja	**51/87**	**58,6**	**68/204**	**33,3**	**$p \leq 0.001$, $d = 0.560$**
Eher ja	**16/87**	**18,4**	**24/204**	**11,8**	
Eher nein	**4/87**	**4,6**	**27/204**	**13,2**	
Nein	**16/87**	**18,4**	**85/204**	**41,7**	
Bewertung von Suchtprävention					
Sinnvoll	**20/83**	**24,1**	**74/192**	**38,5**	**U (83, 192) = 6490.000, $z = -2.556$, $p = 0.011$, $d = -0.357$**
Eher sinnvoll	**6/83**	**7,2**	**19/192**	**9,9**	
Weniger sinnvoll	**30/83**	**36,1**	**55/192**	**28,6**	
Nicht sinnvoll	**27/83**	**32,5**	**44/192**	**22,9**	
Existenz von Maßnahmen der Suchtprävention für Angestellte					χ^2 (1, N = 221) = 1.367, $p = 0.242$, V = 0.077
Ja	21/67	31,3	61/154	39,6	
Nein	46/67	68,7	93/154	60,4	

Signifikant: $p \leq 0.05$
Nicht signifikant: $p > 0.05$
Signifikante Werte sind fett markiert

Sowohl bezüglich des Geschlechts als auch bezüglich des Alters sind signifikante Unterschiede bei den Subgruppen zu erkennen. So befinden sich in der Gruppe der männlichen Befragten deutlich mehr GlücksspielerInnen als in der Gruppe der weiblichen Befragten ($\chi^2 = 15.453$, df = 1, $p \leq 0.001$). Weiterhin ist festzustellen, dass die Gruppe des spielenden Personals deutlich jünger als die des nicht spielenden Personals ist ($U = 6621.000$, $z = -4.046$, p ≤ 0.001). Hinsichtlich der Bildungsabschlüsse sind dagegen keine gravierenden Unterschiede zu entdecken ($\chi^2 = 5.577$, df = 6, $p = 0.472$). Auch im Hinblick auf weitere soziodemografische Merkmale, wie Migrationshintergrund ($\chi^2 = 0.191$, df = 1, $p = 0.662$), Berufserfahrung als Spielhallen-Servicekraft ($U = 8159.500$, $z = -1.746$, $p = 0.081$) und Unternehmensgröße ($U = 9309.000$, $z = -0.031$, $p = 0.975$), können keine relevanten Unterschiede festgestellt werden.

Allerdings weist die Gruppe des spielenden Personals deutlich stärkere kognitive Verzerrungen bei Geldspielautomaten auf. So wird häufiger davon ausgegangen, Gewinnmöglichkeiten ($U = 6540.000$, $z = -3.212$, $p \leq 0.001$) oder -zeitpunkte ($U = 5872.000$, $z = -5.118$, $p \leq 0.001$) einschätzen zu können. Außerdem wird die Beachtung der letzten Gewinne und Verluste an einem Geldspielautomaten zur Erzielung eines Geldgewinns häufiger als relevant erachtet ($U = 5241.500$, $z = -4.734$, $p \leq 0.001$).

Weitere Unterschiede (in Bezug auf kognitive Verzerrungen) konnten mithilfe des Gamblers Beliefs Questionnaire festgestellt werden. Wie bereits beschrieben, wurde der Gamblers Beliefs Questionnaire im Rahmen der Entwicklung von Steenbergh, Meyers, May und Whelan (2002) bei 403 Personen angewendet. Somit kann der erhobene „Score" von 24,4 (für den Bereich „illusion of control") als Referenzwert verwendet werden (vgl. Kalke et al., 2018, S. 22 f.). Mögliche Limitationen der Aussagekraft aufgrund der unterschiedlichen Stichproben sind dabei zu berücksichtigen.

Während sich für das nicht spielende Personal ein Konfidenzintervall (95 % KI) zwischen 13,8 und 15,8 ergibt, liegen die Unter- beziehungsweise Obergrenzen beim spielenden Personal bei 21,5 beziehungsweise 26,4. Es ist somit festzustellen, dass das nicht spielende Personal einen signifikant niedrigeren Wert als die Referenzgruppe aufweist. Beim spielenden Personal liegt der Referenzwert hingegen innerhalb des Konfidenzintervalls, wodurch keine signifikanten Werte bezüglich des Referenzwertes zu erkennen sind.

Im Durchschnitt sind folglich weder beim spielenden Personal noch beim nicht spielenden Personal gravierende kognitive Verzerrungen festzustellen. Nichtdestotrotz ergeben sich bei der Betrachtung von einzelnen Spielhallen-Servicekräften zum Teil erhebliche kognitive Verzerrungen (mit einem Maximalwert von 46).

Die Durchschnittswerte des spielenden Personals sind im Vergleich zu den Werten des nicht spielenden Personals dennoch signifikant höher ($t = -8.07$, $df = 298$, $p \leq 0.001$). Aus diesem Grund werden die einzelnen Angaben der jeweiligen Subgruppen im Folgenden genauer betrachtet.

Aus der Tabelle geht hervor, dass bei allen Items signifikant höhere Werte beim spielenden Personal vorliegen. Besonders auffällig sind die Unterschiede bei den Items „Meine Entscheidungen oder Handlungen wirken sich auf das Spiel, bei dem ich gesetzt habe, aus" (1,9 zu 3,5) und „Ich habe eine ‚Glückstechnik', die ich beim Spielen anwende" (1,2 zu 2,8).

Neben der Untersuchung von (möglichen) kognitiven Verzerrungen soll auch impulsives Verhalten bei spielendem und nicht spielendem Personal betrachtet werden. Dafür werden die Ergebnisse aus der Anwendung der Skala Impulsives-Verhalten-8 (I-8) herangezogen.

Es ist zu erkennen, dass das spielende Personal im Vergleich zum nicht spielenden Personal signifikant höhere Werte in den Bereichen „Dringlichkeit" ($t = -4.59$, $df = 298$, $p \leq 0.001$) und „Risikobereitschaft" ($t = -5.82$, $df = 298$, $p \leq 0.001$) aufweist. Die Bereiche „Absicht" ($t = 2.58$, $df = 298$, $p = 0.010$) und „Ausdauer" ($t = 3.06$, $df = 298$, $p = 0.002$) sind beim spielenden Personal mit Unterschieden von 0,3 und 0,32 signifikant niedriger ausgeprägt. Wie bereits beschrieben, stellen hohe Werte in den erstgenannten beziehungsweise niedrige Werte in den zweitgenannten Bereichen eine (starke) Ausprägung von

Impulsivität dar. Somit kann bereits an dieser Stelle festgestellt werden, dass spielendes Personal im Vergleich zu nicht spielendem Personal eine signifikant höhere Ausprägung von Impulsivität aufweist.

Zur genaueren Auswertung der einzelnen Mittelwerte werden die Referenzwerte der Skala Impulsives-Verhalten-8 hinzugezogen. Diese ermöglichen einen Vergleich der erhobenen Werte mit den I-8-Werten aus einer bevölkerungsrepräsentativen Zufallsstichprobe (vgl. Kovaleva et al., 2014, S. 15 ff.). Auch an dieser Stelle ist die Aussagekraft des Datenvergleichs aufgrund der Unterschiede zwischen der Referenzstichprobe und dem hier zugrundeliegenden Sample (in Bezug auf Alter, Geschlecht etc.) beschränkt. Für eine erste Einordnung bietet sich der Datenvergleich jedoch an.

Für den Bereich „Dringlichkeiten" liegt der Referenzwert für eine geringe Ausprägung bei $M = 2{,}40$. Somit liegt der Wert der nicht spielenden Servicekräfte mit $M = 1{,}98$ noch unter dem Referenzwert. Eine mittlere beziehungsweise hohe Ausprägung ist gemäß der Referenzwerte ab $M = 2{,}55$ und $M = 2{,}58$ zu erkennen. Der erhobene Wert für das spielende Personal ($M = 2{,}55$) entspricht damit einem mittleren Wert.

Eine mittlere beziehungsweise hohe Ausprägung ist bei der Facette „Risikobereitschaft" ab den Referenzwerten $M = 2{,}94$ und $M = 3{,}20$ zu erkennen. Während das nicht spielende Personal bereits einen Wert von $M = 2{,}98$ aufweist, liegt der Gruppenmittelwert des spielenden Personals noch weit über dem Referenzwert (für eine hohe Ausprägung) bei $M = 3{,}82$.

Für die Bereiche „Absicht" und „Ausdauer" stellen (wie bereits beschrieben) niedrige Werte eine hohe Ausprägung von Impulsivität dar. Dementsprechend zeigen hohe Werte fortan ein gering ausgeprägtes impulsives Verhalten an. Für den Bereich „Absicht" liegt der hohe Referenzwert bei $M = 3{,}9$ und der mittlere bei $M = 3{,}79$. Somit weist die Subgruppe des nicht spielenden Personals in diesem Bereich (mit einem Wert von $M = 4{,}01$) eine sehr geringe Ausprägung von impulsivem Verhalten auf. Das spielende Personal liegt mit einem Wert von $M = 3{,}71$ im mittleren Bereich.

Hinsichtlich der „Ausdauer" gelten Werte ab $M = 4{,}19$ als hoch und Werte unter $M = 4{,}16$ als niedrig. Während die nicht spielenden Servicekräfte mit einem Wert von $M = 4{,}28$ weit über dem hohen Wert liegen, liegen spielende Servicekräfte mit einem Wert von $M = 3{,}96$ weit unter dem geringen Wert.

Zusammenfassend ist festzustellen, dass nicht spielendes Personal in drei Bereichen eine niedrige und in einem Bereich eine mittlere Ausprägung von impulsivem Verhalten aufweist. Spielendes Personal hingegen zeigt in jeweils zwei Bereichen eine hohe beziehungsweise mittlere Ausprägung impulsiven Verhaltens an.

Auch die Einstellungen bezüglich der Relevanz von Geldgewinnen der KundInnen zum Erhalt von Trinkgeldern gehen bei den Subgruppen auseinander. Während etwas mehr als die Hälfte (54,9 %) des nicht spielenden Personals Geldgewinne der KundInnen für nicht oder weniger relevant erachtet, hält deutlich über die Hälfte (77 %) des spielenden Personals ebendiese für relevant oder eher relevant ($U = 6020.000$, $z = -4.614$, $p \leq 0.001$).

Ein ähnliches Antwortverhalten der jeweiligen Subgruppen ist bei der Bewertung von Suchtpräventionen für KundInnen zu erkennen. So bewertet die Gruppe der spielenden Servicekräfte Suchtprävention deutlich häufiger als weniger oder nicht sinnvoll ($U = 6490.000$, $z = -2.556$, $p = 0.011$).

Bei der Abfrage von bestehenden Maßnahmen der Suchtprävention für Angestellte des eigenen Unternehmens sind keine signifikanten Unterschiede bei den Gruppen festzustellen ($\chi^2 = 1.367$, $df = 1$, $p = 0.242$). 31,3 Prozent des spielenden Personals und 39,6 Prozent des nicht spielenden Personals geben an, über derartige Maßnahmen in der Beschäftigungsstelle zu verfügen.

4.3.1 Binär-logistische Regression - spielendes/nicht spielendes Personal

Mithilfe der binär-logistischen Regression kann die Wahrscheinlichkeit für die Zugehörigkeit zu einer Gruppe der abhängigen Variablen (in diesem Fall spielendes/nicht spielendes Personal) bestimmt werden. Dies erfolgt in Abhängigkeit von den bereits untersuchten (signifikanten) unabhängigen Variablen (vgl. Backhaus, Erichson, Plinke & Weiber, 2016, S. 18).

Zur Vermeidung von zu starken Korrelationen zwischen den Prädiktoren wird vor der Durchführung der binär-logistischen Regression eine mögliche Multikollinearität überprüft (s. *Anhang: Multikollinearität – spielendes/nicht spielendes Personal*). Bei Vorliegen von starken Zusammenhängen können sich Probleme bei der folgenden Modellschätzung ergeben (vgl. Dormann et al., 2012, S. 37 f.). Die Grenzwerte für mindestens große Merkmalszusammenhänge liegen bei:

- Cramers V: ≥ 0,4,
- Cohens D: ≥ 0,8,
- Spearmans Rho: ≥ 0,7 (vgl. Dormann et al., 2012, S. 38 & Kotrlik, Williams & Jabor, 2011, S. 138).

Auf dieser Grundlage und nach inhaltlichen Überlegungen werden folgende Prädiktoren für die binär-logistische Regression gewählt beziehungsweise ausgeschlossen:

Tabelle 23: Signifikante Prädiktoren für die Teilnahme an Glücksspielen

Ausgeschlossene Prädiktoren	Ausgewählte Prädiktoren
Einschätzen von Gewinnmöglichkeiten	Geschlecht
Einschätzen von Gewinnzeitpunkten	Alter
Sollten SpielerInnen auf die letzten Gewinne und Verluste achten?	Gamblers Beliefs Questionnaire
	Dringlichkeit (I-8)
	Absicht (I-8)
	Ausdauer (I-8)
	Risikobereitschaft (I-8)
	Relevanz von Geldgewinnen in Bezug auf Trinkgelder
	Bewertung von Suchtprävention

Bei den signifikanten Prädiktoren für die Teilnahme an Glücksspielen können keine großen Merkmalszusammenhänge festgestellt werden (s. *Anhang: Multikollinearität – spielendes/nicht spielendes Personal*). Somit kann Multikollinearität im Rahmen der binär-logistischen Regression weitestgehend vermieden werden.

Dennoch werden die Prädiktoren „Einschätzen von Gewinnmöglichkeiten", „Einschätzen von Gewinnzeitpunkten" und „Sollten SpielerInnen auf die letzten Gewinne und Verluste achten?" ausgeschlossen. Mithilfe dieser Prädiktoren werden bestimmte kognitive Verzerrungen abgefragt. Eine genauere Untersuchung von kognitiven Verzerrungen liefert jedoch der Gamblers Beliefs Questionnaire. Weiterhin ist der Gamblers Beliefs Questionnaire ein standardisiertes und validiertes Messinstrument, während die genannten Prädiktoren aufgrund der speziellen Thematik selbst formuliert sind.

Auch wenn nur geringe beziehungsweise mittlere Korrelationen bei diesen Prädiktoren festzustellen sind, sind sie aufgrund der Doppelung (durch den Gamblers Beliefs Questionnaire) vermeidbar.

Die untersuchte Fallzahl des Modells beläuft sich auf N = 300. Da fehlende Werte bei bivariaten Analysen jedoch variablenweise ausgeschlossen werden, können die Fallzahlen nach unten von der ursprünglichen Fallzahl abweichen.

In der folgenden Tabelle werden die Ergebnisse aus der binär-logistischen Regression dargestellt. Da alle unabhängigen Variablen im Modell berücksichtigt werden sollen, wird der „Einschluss" als Berechnungsmethode gewählt.

Tabelle 24: Binär-logistische Regression – spielendes/nicht spielendes Personal (n = 275)

	Regressions-koeffizientB	Standardfehler	Wald	df	Sig.	Odds Ratio (OR)
Geschlecht	**-1,005**	**0,406**	**6,123**	**1**	**0,013**	**0,366**
Alter	**-0,027**	**0,013**	**4,364**	**1**	**0,037**	**0,973**
Gamblers Beliefs Questionnaire	**0,085**	**0,019**	**19,458**	**1**	**≤ 0,001**	**1,089**
Dringlichkeit (I-8)	0,077	0,205	0,141	1	0,708	1,080
Absicht (I-8)	-0,362	0,221	2,690	1	0,101	0,696
Ausdauer (I-8)	-0,038	0,234	0,026	1	0,871	0,963
Risikobereitschaft (I-8)	**0,413**	**0,172**	**5,762**	**1**	**0,016**	**1,511**
Relevanz von Geldgewinnen in Bezug auf Trinkgelder	**-0,467**	**0,147**	**10,116**	**1**	**≤ 0,001**	**0,627**
Bewertung von Suchtprävention	0,001	0,157	0,000	1	0,997	1,001
Konstante	1,019	1,622	0,394	1	0,530	2,770

Signifikant: $p \leq 0.05$
Nicht signifikant: $p > 0.05$
Signifikante Werte sind fett markiert

Bei der Betrachtung der Prädiktoren „Geschlecht", „Alter", „Gamblers Beliefs Questionnaire", „Risikobereitschaft" und „Relevanz von Geldgewinnen in Bezug auf Trinkgelder" können statistisch signifikante Veränderungen festgestellt werden. Alle übrigen Prädiktoren weisen im Rahmen des Modells jedoch keine signifikanten Werte auf.

Aus der Tabelle geht hervor, dass männliche Spielhallen-Servicekräfte eine 2,73-fach erhöhte Wahrscheinlichkeit aufweisen, Glücksspieler zu sein (p = 0.013, OR = 0.366). Ein zusätzliches Lebensjahr verringert diese Wahrscheinlichkeit (sowohl beim männlichen als auch beim weiblichen Personal) um 2,7 Prozent (p = 0.037, OR = 0.973).

Weiterhin kann festgestellt werden, dass kognitive Verzerrungen die Wahrscheinlichkeit, zum spielenden Personal zu gehören, verstärken. Mit einer Steigerung des Gesamtscores um eine Einheit sind Erhöhungen von 8,9 Prozent verbunden ($p \leq 0.001$, OR = 1.089).

Mithilfe der Skala „Impulsives-Verhalten-8" wurden vier Facetten von impulsivem Verhalten untersucht. Wie bereits beschrieben, zeigen niedrige Werte in den Bereichen „Absicht" und „Ausdauer" beziehungsweise hohe Werte in den Bereichen „Dringlichkeit" und „Risikobereitschaft" eine hohe Ausprägung von impulsivem Verhalten an. Für die Facette „Absicht" steigt die Wahrscheinlichkeit für die Teilnahme an Glücksspielen dementsprechend (nicht signifikant) um das 1,44-fache bei einer geringer werdenden Ausprägung (p = 0.101, OR = 0.696). Für die Facette „Ausdauer" sind nur geringe Erhöhungen (1,04-fach) bei niedriger werdenden Ausprägungen zu erkennen (p = 0.871, OR = 0.963), auch wenn diese Zusammenhänge auf einem Testniveau von 0,05 statistisch nicht signifikant wurden. Aufgrund der minimalen Differenzen sind diese Ergebnisse somit zu vernachlässigen.

Während höhere Ausprägungen für den Bereich „Dringlichkeit" lediglich mit einem nicht signifikanten Wahrscheinlichkeitsanstieg von acht Prozent verbunden sind (p = 0.708, OR = 1.080), weisen höhere Ausprägungen bei der „Risikobereitschaft" eine statistisch signifikante Veränderung von 51,1 Prozent auf (p = 0.016, OR = 1.511).

Neben der Untersuchung von impulsivem Verhalten sind auch Einschätzungen bezüglich der Relevanz von Geldgewinnen in Bezug auf Trinkgelder von Interesse. Es ist festzustellen, dass die Wahrscheinlichkeit, zum spielenden Personal zu gehören, mit der Überzeugung von der Relevanz von Geldgewinnen der KundInnen in Bezug auf Trinkgelder signifikant um den Faktor 1,59 steigt ($p \leq 0.001$, OR = 0.627).

Mit einer schlechter werdenden Bewertung von Suchtprävention (für KundInnen) erhöht sich die Wahrscheinlichkeit für die Nutzung von Geldspielautomaten (nicht signifikant) leicht um je 0,1 Prozent. Die Bewertung von Suchtprävention (für KundInnen) ist somit nicht mit der Nutzung von Geldspielautomaten assoziiert ($p = 0.997$, OR = 1.001).

Aufgrund der bisherigen Ergebnisse stellt sich die Frage, inwieweit sich die abgefragten Prädiktoren auf das Glücksspielverhalten der Spielhallen-Servicekräfte auswirken. Im folgenden Abschnitt (Analyseschritt 4) wird ein ausführlicher Vergleich zwischen auffälligen und unauffälligen Glücksspielern/Glücksspielerinnen gezogen (Forschungsfrage 4a). Auch hier liegt das Hauptaugenmerk auf den signifikanten Prädiktoren mit Glücksspielverhalten.

4.4 Vergleich zwischen auffälligen und unauffälligen Glücksspielern/Glücksspielerinnen (A4)

Für eine genauere Betrachtung ist es von Relevanz, nicht nur die bestehenden Unterschiede (beziehungsweise nicht bestehenden Unterschiede) in Bezug auf soziodemografische und weitere allgemeine Merkmale (für die eine Teilnahme an Glücksspielen nicht erforderlich ist) zu betrachten, sondern auch auf das Glücksspielverhalten der jeweiligen Subgruppen einzugehen. Für diese Betrachtung bieten sich die Subgruppen der auffälligen und unauffälligen GlücksspielerInnen an. Im Rahmen dieses Analyseschritts wird die Angabe „Ich weiß es nicht“ als Missing betrachtet. Die Ergebnisse des Vergleichs sind der folgenden Tabelle zu entnehmen.

Tabelle 25: Vergleich zwischen auffälligen und unauffälligen Glücksspielern/Glücksspielerinnen

Items	Auffällige GlücksspielerInnen n = 28		Unauffällige GlücksspielerInnen n = 60		Teststatistik
	n	%	n	%	
Geschlecht					χ^2 (1, n = 88) = 0.048, p = 0.826, V = 0.023
Männlich	10/28	35,7	20/60	33,3	
Weiblich	18/28	64,3	40/60	66,7	
Alter					U (28, 60) = 825.500, z = -0.134, p = 0.894, d = 0.054
18 – 25	4/28	14,3	11/60	18,3	
26 – 35	10/28	35,7	19/60	31,7	
36 – 45	6/28	21,4	9/60	15,0	
46 – 55	5/28	17,9	12/60	20,0	
56 – 65	3/28	10,7	9/60	15,0	
66 – 75	0/28	0	0/60	0	
76 – 85	0/28	0	0/60	0	
Bildungsabschluss					χ^2 (6, n = 88) = 12.566, p = 0.052, V = 0.378
Kein Schulabschluss	0/28	0	3/60	5,0	
Hauptschulabschluss	2/28	7,1	9/60	15,0	
Realschule	8/28	28,6	17/60	28,3	
Fachabitur	4/28	14,3	3/60	5,0	
Abitur	4/28	14,3	1/60	1,7	
Abgeschlossene Berufsausbildung	10/28	35,7	21/60	35,0	
Studium	0/28	0	6/60	10,0	
Migrationshintergrund					**χ^2 (1, n = 88) = 4.477, p = 0.034, V = 0.226**
Ja	**16/28**	**57,1**	**20/60**	**33,3**	
Nein	**12/28**	**42,9**	**40/60**	**66,7**	
Berufserfahrung als Spielhallen-Servicekraft (in Jahren)					U (28, 60) = 796.500, z = -0.401, p = 0.689, d = -0.010
1 – 2	6/28	21,4	20/60	33,3	
3 – 4	10/28	35,7	15/60	25,0	
5 – 6	2/28	7,1	7/60	11,7	
7 – 8	6/28	21,4	5/60	8,3	
9 – 10	3/28	10,7	5/60	8,3	
> 10	1/28	3,6	8/60	13,3	
Unternehmensgröße (in Spielhallen)					U (28, 60) = 746.500, z = -0.933, p = 0.351, d = 0.332
1 – 10	17/28	60,7	33/60	55,0	
11 – 50	7/28	25,0	10/60	16,7	
51 – 100	0/28	0	3/60	5,0	
101 – 150	2/28	7,1	0/60	0	
151 – 300	0/28	0	2/60	3,3	
> 300	2/28	7,1	12/60	20,0	
Impulsives Verhalten					

Tabelle 25: Fortsetzung

Items	Auffällige GlücksspielerInnen n = 28		Unauffällige GlücksspielerInnen n = 60		Teststatistik
	n	%	n	%	
Dringlichkeit	**28**	***M* = 3,04**	**60**	***M* = 2,32**	**t (86) = 3.14, p = 0.002, d = -0.732**
Absicht	28	*M* = 3,59	60	*M* = 3,76	t (86) = 0.89, p = 0.374, d = 0.201
Ausdauer	**28**	***M* = 3,68**	**60**	***M* = 4,09**	**t (86) = 2.36, p = 0.021, d = 0.513**
Risikobereitschaft	**28**	***M* = 4,23**	**60**	***M* = 3,63**	**t (86) = -3.02, p = 0.003, d = -0.700**
Einschätzen von Gewinnmöglichkeiten					
Ja	0/27	0	2/59	3,4	U (27, 59) = 602.500, z = -1.935, p = 0.053, d = 0.428
Eher ja	10/27	37,0	6/59	10,2	
Eher nein	9/27	33,3	25/59	42,4	
Nein	8/27	29,6	26/59	44,1	
Einschätzen von Gewinnzeitpunkten					
Ja	**2/28**	**7,1**	**1/60**	**1,7**	**U (28, 60) = 521.000, z = -3.013, p = 0.003, d = 0.717**
Eher ja	**14/28**	**50,0**	**13/60**	**21,7**	
Eher nein	**7/28**	**25,0**	**22/60**	**36,7**	
Nein	**5/28**	**17,9**	**24/60**	**40,0**	
Sollten SpielerInnen auf die letzten Gewinne und Verluste achten?					
Ja	**14/28**	**50,0**	**5/57**	**8,8**	**U (28, 57) = 310.000, z = -4.725, $p \leq 0.001$, d = 1.028**
Eher ja	**8/28**	**28,6**	**12/57**	**21,1**	
Eher nein	**4/28**	**14,3**	**15/57**	**26,3**	
Nein	**2/28**	**7,1**	**25/57**	**43,9**	
Gamblers Beliefs Questionnaire	**28**	***M* = 31,3**	**60**	***M* = 20,5**	**t (86) = -4.49, $p \leq 0.001$, d = -1.032**
Relevanz von Geldgewinnen (der KundInnen) in Bezug auf Trinkgelder					
Ja	**21/28**	**75,0**	**30/59**	**50,8**	**U (28, 59) = 626.500, z = -2.044, p = 0.041, d = 0.402**
Eher ja	**3/28**	**10,7**	**13/59**	**22,0**	
Eher nein	**1/28**	**3,6**	**3/59**	**5,1**	
Nein	**3/28**	**10,7**	**13/59**	**22,0**	
12-Monats-Teilnahmeprävalenz an Geldspielautomaten					
Bis 5-mal im Jahr	**0/28**	**0**	**22/60**	**36,7**	**U (28, 60) = 224.500, z = -5.617, $p \leq 0.001$, d = -1.680**
6- bis 11-mal im Jahr	**0/28**	**0**	**9/60**	**15,0**	
1-mal im Monat	**3/28**	**10,7**	**7/60**	**11,7**	
Mehrmals im Monat	**5/28**	**17,9**	**8/60**	**13,3**	
1-mal in der Woche	**4/28**	**14,3**	**11/60**	**18,3**	
Mehrmals in der Woche	**16/28**	**57,1**	**3/60**	**5,0**	

(*fortgeführt*)

Tabelle 25: Fortsetzung

Items	Auffällige GlücksspielerInnen n = 28		Unauffällige GlücksspielerInnen n = 60		Teststatistik
	n	%	n	%	
Täglich	**0/28**	**0**	**0/60**	**0**	
Spielorte (Mehrfachantwort möglich)					
An meinem Arbeitsplatz	7/28	25,0	6/60	10,0	χ^2 (1, n = 88) = 3.412, p = 0.065, V = 0.197
In anderen Spielhallen	**28/28**	**100,0**	**48/60**	**80,0**	**χ^2 (1, n = 88) = 6.484, p = 0.011, V = 0.271**
Gaststätten	6/28	21,4	12/60	20,0	χ^2 (1, n = 88) = 0.024, p = 0.877, V = 0.016
Imbiss-/Dönerbuden	1/28	3,6	5/60	8,3	χ^2 (1, n = 88) = 0.681, p = 0.409, V = 0.088
In einem Verein	0/28	0	1/60	1,7	χ^2 (1, n = 88) = 0.472, p = 0.492, V = 0.073
Monatliche Geldeinsätze					**U (28, 60) = 265.000, z = -5.245, $p \leq 0.001$, d = -1.478**
0 €	**0/28**	**0**	**1/60**	**1,7**	
1 – 10 €	**1/28**	**3,6**	**14/60**	**23,3**	
11 – 30 €	**0/28**	**0**	**13/60**	**21,7**	
31 – 50 €	**4/28**	**14,3**	**14/60**	**23,3**	
51 – 70 €	**1/28**	**3,6**	**4/60**	**6,7**	
71 – 90 €	**6/28**	**21,4**	**9/60**	**15,0**	
> 90 €	**16/28**	**57,1**	**5/60**	**8,3**	
Herkunft der Geldeinsätze (Mehrfachantwort möglich)					
Trinkgelder	**24/28**	**85,7**	**27/60**	**45,0**	**χ^2 (1, n = 88) = 12.987, $p \leq 0.001$, V = 0.384**
Geld aus der Kasse	**6/28**	**21,4**	**1/60**	**1,7**	**χ^2 (1, n = 88) = 10.183, $p \leq 0.001$, V = 0.340**
Geld von KundInnen	**5/28**	**17,9**	**1/60**	**1,7**	**χ^2 (1, n = 88) = 7.877, p = 0.005, V = 0.299**
Geliehenes Geld	**5/28**	**17,9**	**0/60**	**0**	**χ^2 (1, n = 88) = 11,360, $p \leq 0.001$, V = 0.359**
Mein eigenes Geld	27/28	96,4	50/60	83,3	χ^2 (1, n = 88) = 2.993, p = 0.084, V = 0.184
Glücksspielmotive (Mehrfachantwort möglich)					
Geldgewinn	**24/28**	**85,7**	**28/60**	**46,7**	**χ^2 (1, n = 88) = 12.041, $p \leq 0.001$, V = 0.370**
Geselligkeit	3/28	10,7	6/60	10	χ^2 (1, n = 88) = 0.011, p = 0.918, V = 0.011

Tabelle 25: Fortsetzung

Items	Auffällige GlücksspielerInnen n = 28		Unauffällige GlücksspielerInnen n = 60		Teststatistik
	n	%	n	%	
Entspannung	10/28	35,7	19/60	31,7	χ^2 (1, n = 88) = 0.142, p = 0.707, V = 0.040
Ich kenne mich aus	2/28	7,1	1/60	1,7	χ^2 (1, n = 88) = 1.739, p = 0.187, V = 0.141
Ablenkung	16/28	57,1	22/60	36,7	χ^2 (1, n = 88) = 3.262, p = 0.071, V = 0.193
Ungestört sein	2/28	7,1	9/60	15,0	χ^2 (1, n = 88) = 1.078, p = 0.299, V = 0.111
Bewertung von Suchtprävention					
Sinnvoll	**2/27**	**7,4**	**18/56**	**32,1**	**U (27, 56) = 468.500, z = -2.939, p = 0.003, d = -0.692**
Eher sinnvoll	**2/27**	**7,4**	**4/56**	**7,1**	
Weniger sinnvoll	**9/27**	**33,3**	**21/56**	**37,5**	
Nicht sinnvoll	**14/27**	**51,9**	**13/56**	**23,2**	
Existenz von Maßnahmen der Suchtprävention für Angestellte					χ^2 (1, n = 67) = 3.743, p = 0.053, V = 0.262
Ja	4/24	16,7	17/43	39,5	
Nein	20/24	83,3	26/43	60,5	

Signifikant: $p \leq 0.05$
Nicht signifikant: $p > 0.05$
Signifikante Werte sind fett markiert

Bei der Betrachtung der soziodemografischen Merkmale Geschlecht, Alter, Bildungsabschluss, Berufserfahrung und Unternehmensgröße können keine signifikanten Unterschiede festgestellt werden. Lediglich beim Migrationshintergrund sind signifikante Werte zu erkennen (χ^2 = 4.477, df = 1, p = 0.034). Während 57,1 Prozent der auffälligen GlücksspielerInnen einen Migrationshintergrund aufweisen, gibt nur ein Drittel (33,3 %) der unauffälligen GlücksspielerInnen an, dass mindestens ein Elternteil nicht in Deutschland geboren ist.

Weiterhin ist zu erkennen, dass die auffälligen GlücksspielerInnen im Vergleich zu den unauffälligen Glücksspielern/Glücksspielerinnen signifikant höhere Werte in den Bereichen „Dringlichkeit" (t = 3.14, df = 86, p = 0.002) und „Risikobereitschaft" (t = -3.02, df = 86, p = 0.003) aufweisen. Der Bereich „Ausdauer" (t = 2.36, df = 86, p = 0.021) ist bei den auffälligen Glücksspielern/Glücksspielerinnen mit einem Unterschied von 0,41 signifikant niedriger ausgeprägt. Für den Bereich „Absicht" sind keine signifikanten Unterschiede zu erkennen. Wie bereits beschrieben, stellen hohe Werte in den erstgenannten beziehungsweise niedrige Werte in den zweitgenannten Bereichen eine (starke) Ausprägung von Impulsivität dar. Somit kann festgestellt werden, dass die auffälligen Spielhallen-Servicekräfte eine signifikant höhere Ausprägung von Impulsivität aufweisen.

Neben der Untersuchung von impulsivem Verhalten sollen auch (mögliche) kognitive Verzerrungen bei auffälligen und unauffälligen Glücksspielern/Glücksspielerinnen betrachtet werden. Dafür werden die Ergebnisse aus der Anwendung des Gamblers Beliefs Questionnaire und die Antworten auf die Fragen nach dem Einschätzen von Gewinnmöglichkeiten und -zeitpunkten herangezogen.

Beim Gamblers Beliefs Questionnaire sind die Durchschnittswerte der auffälligen GlücksspielerInnen im Vergleich zu den Werten der unauffälligen GlücksspielerInnen signifikant höher (t = -4.49, df = 86, $p \leq 0.001$). Außerdem wird in der Gruppe der auffälligen GlücksspielerInnen eher davon ausgegangen, Gewinnzeitpunkte einschätzen (U = 521.000, z = -3.013, p = 0.003) und aus der Gewinn- und Verlusthistorie eines Geldspielautomaten (in den letzten Stunden) auf zukünftige Gewinne schließen zu können (U = 310.000, z = -4.725, $p \leq 0.001$).

Auch die Einstellungen bezüglich der Relevanz von Geldgewinnen der KundInnen zum Erhalt von Trinkgeldern gehen bei den beiden Subgruppen auseinander. Während 72,8 Prozent der unauffälligen GlücksspielerInnen Geldgewinne der KundInnen für relevant oder eher relevant erachten, beurteilen es 85,7 Prozent der auffälligen GlücksspielerInnen so (U = 626.500, z = -2.044, p = 0.041).

Wie bereits beschrieben, sollen im Rahmen dieses Vergleichs auch Merkmale, für die eine Teilnahme am Glücksspiel erforderlich ist, verglichen werden. Von besonderem Interesse ist dabei die Spielhäufigkeit an Geldspielautomaten in den letzten zwölf Monaten. Diese liegt bei den auffälligen Glücksspielern/Glücksspielerinnen deutlich höher (U = 224.500, z = -5.617, $p \leq 0.001$). So spielen die meisten Spielhallen-Servicekräfte dieser Gruppe mehrmals in der Woche (57,1 %), während die meisten Servicekräfte aus der Gruppe der unauffälligen GlücksspielerInnen bis zu fünfmal im Jahr (36,7 %) an Geldspielautomaten spielen.

Ein ähnliches Antwortverhalten der jeweiligen Subgruppen ist bei den monatlichen Geldeinsätzen zu erkennen. So gibt die Gruppe der auffälligen GlücksspielerInnen deutlich mehr Geld für Glücksspiel an Geldspielautomaten aus (U = 265.000, z = -5.245, $p \leq 0.001$).

In Bezug auf die Glücksspielorte ist festzustellen, dass deutlich mehr auffällige GlücksspielerInnen (100 %) als unauffällige GlücksspielerInnen (80 %) in

Spielhallen spielen ($\chi^2 = 6.484$, df = 1, $p = 0.011$). Nichtsdestotrotz handelt es sich hierbei um Unterschiede bei einer sehr starken Merkmalsausprägung in beiden Gruppen. Auffällig ist bei der Betrachtung der Spielorte auch, dass sowohl auffällige (25 %) als auch unauffällige GlücksspielerInnen (10 %) am eigenen Arbeitsplatz spielen ($\chi^2 = 3.412$, df = 1, $p = 0.065$).

Neben den Spielorten ist auch die Herkunft der Geldeinsätze von Interesse. Dabei ist festzustellen, dass „Trinkgelder" ($\chi^2 = 12.987$, df = 1, $p \leq 0.001$), „Geld aus der Kasse" ($\chi^2 = 10.183$, df = 1, $p \leq 0.001$), „Geld von KundInnen" ($\chi^2 = 7.877$, df = 1, $p = 0.005$) und „geliehenes Geld" ($\chi^2 = 11.360$, df = 1, $p \leq 0.001$) deutlich häufiger von den auffälligen Glücksspielern/Glücksspielerinnen genannt werden. Besonders auffällig sind die Unterschiede vor allem bei den Antwortmöglichkeiten „Geld aus der Kasse" (21,4 % zu 1,7 %), „Geld von KundInnen" (17,9 % zu 1,7 %) und „geliehenes Geld" (17,9 % zu 0 %).

Bei den Glücksspielmotiven wird lediglich der Geldgewinn signifikant häufiger von den auffälligen Glücksspielern/Glücksspielerinnen genannt ($\chi^2 = 12.041$, df = 1, $p \leq 0.001$).

Wie bereits im Analyseschritt 3 erwähnt, bewerten spielende Servicekräfte Suchtpräventionsmaßnahmen für KundInnen deutlich negativer als nicht spielende Servicekräfte. In diesem Zusammenhang ist es von Interesse, inwiefern sich die Angaben innerhalb dieser Gruppe unterscheiden. Auch an dieser Stelle ist festzustellen, dass auffällige GlücksspielerInnen Suchtpräventionsmaßnahmen für KundInnen deutlich negativer bewerten ($U = 468.500$, $z = -2.939$, $p = 0.003$). Auffällig ist, dass lediglich 14,8 Prozent der auffälligen GlücksspielerInnen Suchtprävention als sinnvoll oder eher sinnvoll bewerten, während dies immerhin 39,2 Prozent der unauffälligen GlücksspielerInnen tun.

Signifikante Unterschiede bei der Existenz von Maßnahmen der Suchtprävention für Angestellte sind auch bei diesen Gruppen nicht zu erkennen ($\chi^2 = 3.743$, df = 1, $p = 0.053$).

4.4.1 Binär-logistische Regression – auffällige/unauffällige GlücksspielerInnen

Basierend auf den in Abschnitt *4.3.1 Binär-logistische Regression – spielendes/nicht spielendes Personal* beschriebenen Grundlagen und nach der Überprüfung auf Multikollinearität (s. *Anhang: Multikollinearität – auffällige/unauffällige GlücksspielerInnen*) werden folgende Prädiktoren für die binär-logistische Regression gewählt beziehungsweise ausgeschlossen:

Tabelle 26: Signifikante Prädiktoren für den Problemspielerstatus

Ausgeschlossene Prädiktoren	Ausgewählte Prädiktoren
Spielort – In anderen Spielhallen	Migrationshintergrund
Herkunft der Geldeinsätze – Trinkgelder	Dringlichkeit (I-8)
Herkunft der Geldeinsätze – Geld aus der Kasse	Ausdauer (I-8)
Herkunft der Geldeinsätze – Geld von KundInnen	Risikobereitschaft (I-8)
Herkunft der Geldeinsätze – Geliehenes Geld	Gamblers Beliefs Questionnaire
Glücksspielmotiv – Geldgewinn	12-Monats-Teilnahmeprävalenz an Geldspielautomaten
Monatliche Geldeinsätze	Bewertung von Suchtprävention
Einschätzen von Gewinnzeitpunkten	Relevanz von Geldgewinnen in Bezug auf Trinkgelder
Sollten SpielerInnen auf die letzten Gewinne und Verluste achten?	

Bei den signifikanten Prädiktoren für den Problemspielerstatus können diverse große Merkmalszusammenhänge festgestellt werden. Besonders deutliche Korrelationen sind zwischen dem Gamblers Beliefs Questionnaire und folgenden Prädiktoren zu erkennen: „Spielort - In anderen Spielhallen", „Herkunft der Geldeinsätze - Trinkgelder, Geld aus der Kasse, Geld von Kundinnen, geliehenes Geld" und dem „Glücksspielmotiv - Geldgewinn" (s. *Anhang: Multikollinearität - auffällige/unauffällige GlücksspielerInnen*).

Aufgrund der besonderen Relevanz von kognitiven Verzerrungen in diesem Kontext ist es erforderlich, diesen Prädiktor im Rahmen der Analyse zu berücksichtigen. Weiterhin sind neben der Korrelation mit dem Gamblers Beliefs Questionnaire noch weitere große Merkmalszusammenhänge mit anderen relevanten Prädiktoren festzustellen (s. *Anhang: Multikollinearität - auffällige/unauffällige GlücksspielerInnen*). Ein Festhalten an den oben genannten Prädiktoren würde erhebliche Modellverzerrungen oder den Verzicht auf relevante Informationen nach sich ziehen. Aus diesem Grund werden diese Prädiktoren ausgeschlossen.

Ebenso werden die Prädiktoren „Einschätzen von Gewinnzeitpunkten" und „Sollten SpielerInnen auf die letzten Gewinne und Verluste achten?" ausgeschlossen. Mithilfe dieser Prädiktoren werden bestimmte kognitive Verzerrungen abgefragt. Eine genauere Untersuchung von kognitiven Verzerrungen liefert jedoch der Gamblers Beliefs Questionnaire. Weiterhin ist der Gamblers Beliefs Questionnaire ein standardisiertes und validiertes Messinstrument, während die genannten Prädiktoren aufgrund der speziellen Thematik selbst formuliert sind. Auch wenn keine großen Korrelationen festzustellen sind, werden beide Prädiktoren aufgrund der Doppelung (durch den Gamblers Beliefs Questionnaire) ausgeschlossen (s. *Anhang: Multikollinearität – auffällige/unauffällige GlücksspielerInnen*).

Ein weiterer großer Merkmalszusammenhang besteht zwischen den Prädiktoren „Monatliche Geldeinsätze" und „12-Monats-Teilnahmeprävalenz an Geldspielautomaten" (s. *Anhang: Multikollinearität – auffällige/unauffällige GlücksspielerInnen*). Zur Vermeidung von Multikollinearität werden die „Monatlichen Geldeinsätze" ausgeschlossen. Zum einen ist die „12-Monats-Teilnahmeprävalenz" bei diesen Subgruppen von besonderer Relevanz und zum anderen sind Aussagen bezüglich eines hohen beziehungsweise niedrigen Geldeinsatzes in Abhängigkeit von dem zur Verfügung stehenden Haushaltsnettoeinkommen zu betrachten. Aufgrund der Sensibilität dieser Daten wurden diese im Rahmen der Untersuchung nicht abgefragt. Der Einschluss der „12-Monats-Teilnahmeprävalenz" bietet sich somit an.

Die untersuchte Fallzahl des Modells beläuft sich auf n = 88. Da fehlende Werte bei bivariaten Analysen jedoch variablenweise ausgeschlossen werden, können die Fallzahlen von der ursprünglichen Fallzahl nach unten abweichen.

In der folgenden Tabelle werden die Ergebnisse aus der binär-logistischen Regression dargestellt. Da auch an dieser Stelle alle unabhängigen Variablen im Modell berücksichtigt werden sollen, wird ebenfalls der „Einschluss" als Berechnungsmethode gewählt.

Tabelle 27: Binär-logistische Regression – auffällige/unauffällige GlücksspielerInnen (n = 83)

	Regressions-koeffizientB	Standardfehler	Wald	df	Sig.	Odds Ratio (OR)
Migrationshintergrund	0,554	0,656	0,713	1	0,398	1,741
Dringlichkeit (I-8)	0,296	0,399	0,550	1	0,458	1,344
Ausdauer (I-8)	-0,467	0,490	0,908	1	0,341	0,627
Risikobereitschaft (I-8)	0,405	0,514	0,620	1	0,431	1,499
Gamblers Beliefs Questionnaire	-0,029	0,044	0,428	1	0,513	0,972
12-Monats-Teilnahmeprävalenz an Geldspielautomaten	**0,979**	**0,321**	**9,294**	**1**	**0,002**	**2,662**
Bewertung von Suchtprävention	0,328	0,382	0,741	1	0,389	1,389
Relevanz von Geldgewinnen in Bezug auf Trinkgelder	0,141	0,368	0,147	1	0,701	1,151
Konstante	-7,584	3,615	4,401	1	**0,036**	0,001

Signifikant: $p \leq 0.05$
Nicht signifikant: $p > 0.05$
Signifikante Werte sind fett markiert

Bei der Betrachtung der Prädiktoren ist ausschließlich bei der Teilnahmeprävalenz an Geldspielautomaten eine statistisch signifikante Veränderung festzustellen. Mit zunehmender Spielhäufigkeit erhöht sich die Wahrscheinlichkeit von problematischem beziehungsweise pathologischem Glücksspielverhalten um das 2,66-fache ($p = 0.002$, OR = 2.662). Ein Migrationshintergrund steigert diese Wahrscheinlichkeit ebenfalls (1,74-fach), jedoch nicht in statistisch signifikantem Ausmaß ($p = 0.398$, OR = 1.741).

Im Rahmen des Modells wurden die Impulsivitätsfacetten „Ausdauer", „Dringlichkeit" und „Risikobereitschaft" genauer untersucht. Für den Bereich „Ausdauer" erhöht sich die Wahrscheinlichkeit (nicht signifikant) um den Faktor 1,59 bei einer geringer werdenden Ausprägung ($p = 0.341$, OR = 0.627). (Niedrige Werte zeigen in diesem Bereich starke Ausprägungen von impulsivem Verhalten an.) Außerdem ist die Wahrscheinlichkeit für ein auffälliges Glücksspielverhalten bei Spielhallen-Servicekräften mit einer hohen Ausprägung für den Bereich „Dringlichkeit" um 34,4 Prozent größer als bei Personen mit niedrigen Ausprägungen in diesem Bereich ($p = 0.458$, OR = 1.344). Ein ähnliches Resultat ergibt sich bei der Impulsivitätsfacette „Risikobereitschaft" mit 49,9 Prozent ($p = 0.431$, OR = 1.499), auch wenn diese Zusammenhänge auf einem Testniveau von 0,05 statistisch nicht signifikant wurden.

Bezüglich kognitiver Verzerrungen können im Rahmen dieses Modells keine aussagekräftigen Veränderungen festgestellt werden. Kognitive Verzerrungen sind somit auch nicht mit dem Problemspielerstatus assoziiert ($p = 0.513$, OR = 0.972). Genauere, aber statistisch nicht signifikante Ergebnisse sind dafür bei der Bewertung von Suchtprävention (für KundInnen) zu erkennen. Mit einer schlechter werdenden Bewertung von Suchtprävention erhöht sich die Wahrscheinlichkeit, den auffälligen Glücksspielern/Glücksspielerinnen anzugehören, um 38,9 Prozent ($p = 0.389$, OR = 1.389). Weiterhin ist festzustellen, dass die Wahrscheinlichkeit für problematisches beziehungsweise pathologisches Glücksspielverhalten bei der Überzeugung von der Relevanz von Geldgewinnen der KundInnen in Bezug auf Trinkgelder um 15,1 Prozent steigt ($p = 0.701$, OR = 1.151). Auch dieser Prädiktor ist jedoch nicht statistisch signifikant.

4.5 Übersicht über die signifikanten Prädiktoren aus den binär-logistischen Regressionen

Durch die binär-logistischen Regressionen konnte die Wahrscheinlichkeit für die Zugehörigkeit zu einer Gruppe der abhängigen Variablen (Spielendes/nicht spielendes Personal und Auffällige/unauffällige GlücksspielerInnen) in Abhängigkeit von den unabhängigen Variablen bestimmt werden. Die signifikanten Ergebnisse werden in der folgenden Tabelle aufgeführt.

Tabelle 28: Signifikante Prädiktoren aus den binär-logistischen Regressionen

Spielendes/nicht spielendes Personal	Auffällige/unauffällige GlücksspielerInnen
Geschlecht	12-Monats-Teilnahmeprävalenz an Geldspielautomaten
Alter	
Gamblers Beliefs Questionnaire	
Risikobereitschaft (I-8)	
Relevanz von Geldgewinnen in Bezug auf Trinkgelder	

Aus der Tabelle geht hervor, dass in der ersten binär-logistischen Regression deutlich mehr signifikante Werte festgestellt werden konnten. So weisen das Geschlecht, das Alter, kognitive Verzerrungen, die Risikobereitschaft und die Relevanz von Geldgewinnen signifikante Wahrscheinlichkeitsveränderungen für die Teilnahme an Glücksspielen auf. Bei der Untersuchung des Problemspielerstatus konnten derartige Veränderungen lediglich bei der Teilnahmeprävalenz festgestellt werden.

Dementsprechend ergibt sich die Annahme, dass sowohl die unabhängigen Variablen als auch deren Auswirkungen zu Beginn der Spielerkarriere andere als jene bei der Feststellung des Problemspielerstatus sind.

4.6 Vergleich mit externen Referenzen (A5)

Im Jahr 2017 führte die Bundeszentrale für gesundheitliche Aufklärung (BZgA) eine Repräsentativbefragung (mit dem Projekttitel „Glücksspielverhalten und Glücksspielsucht in Deutschland") der 16- bis 70-jährigen Bevölkerung in Deutschland durch. Es konnte eine Stichprobengröße von insgesamt 11.503 Teilnehmern/Teilnehmerinnen generiert werden. Die Ziele der Studie waren die Beschreibung des Glücksspielverhaltens und die Feststellung von glücksspielbezogenen Problemen sowie Einstellungen in der deutschen Bevölkerung (vgl. Banz & Lang, 2017, S. 9 f.). Aufgrund der ähnlichen Themenschwerpunkte und der Aktualität der Studie bieten sich die Daten zum Vergleich mit den erhobenen Daten dieser Arbeit an. Ein weiterer Vorteil besteht in deren Repräsentativität.

Da es bisher noch keine Studien bezüglich des Glücksspielverhaltens von Spielhallen-Servicekräften in Deutschland gibt und somit Vergleichswerte fehlen, ist ein Vergleich mit themen- oder verfahrensähnlicheren Erhebungen nicht möglich. Durch die Gegenüberstellung der Studien kann jedoch ein erster Einblick in das Ausmaß des Glücksspielverhaltens von Spielhallen-Servicekräften gewährt werden.

Aufgrund der unterschiedlichen Zielgruppen und den damit verbundenen Fragestellungen kann nur ein Teil der Items zum Datenvergleich herangezogen werden. Jedoch unterscheiden sich diese Items sowohl in Bezug auf das gewählte Erhebungsverfahren als auch auf das Erhebungsinstrument voneinander. Außerdem weichen die Untersuchungsmethodiken, die Befragungszeiträume, die soziodemografischen Merkmale und die Größen der jeweiligen Stichproben voneinander ab. Die Aussagekraft des Datenvergleichs ist dementsprechend beschränkt.

Im ersten Schritt werden die 12-Monats-Teilnahmeprävalenzen des Glücksspiels insgesamt und einzelner Glücksspiele miteinander verglichen. Die Ergebnisse sind aus der folgenden Tabelle zu entnehmen.

Tabelle 29: Vergleich der 12-Monats-Teilnahmeprävalenzen des Glücksspiels insgesamt und einzelner Glücksspiele (in %) nach Geschlecht (vgl. Banz & Lang, 2017, S. 231–239)

	Gesamt – Spielhallen-Servicekräfte	Konfidenz-intervall 95 % KI	Gesamt – BZgA	Männlich – Spielhallen-Servicekräfte	Konfidenz-intervall 95 % KI	Männlich – BZgA	Weiblich – Spielhallen-Servicekräfte	Konfidenz-intervall 95 % KI	Weiblich – BZgA
Irgendein Glücksspiel	**49,7**	**44,0 – 54,7**	**37,3**	**70,0**	**60,0 – 80,0**	**41,4**	**44,6**	**37,9 – 50,4**	**33,0**
Geldspielautomaten	**29,3**	**24,0 – 34,0**	**2,6**	**50,0**	**38,3 – 61,7**	**4,1**	**24,2**	**19,6 – 29,2**	**1,0**
Lotterien	**26,3**	**21,7 – 31,0**	**16,4**	**40,0**	**30,0 – 50,0**	**17,6**	**22,9**	**17,9 – 28,3**	**15,2**
Sportwetten	**5,3**	**3,7 – 7,3**	**2,4**	**21,7**	**13,3 – 30,0**	**3,9**	1,3	0,4 – 2,1	0,9
Angebote in Spielbanken	**4,3**	**2,7 – 6,0**	**1,6**	**21,7**	**13,3 – 30,0**	**2,3**	0	/	1,0
Internetglücksspiel	**3,7**	**2,3 – 5,3**	**0,6**	**13,3**	**6,7 – 20,0**	**0,9**	**1,3**	**0,4 – 2,1**	**0,3**
Privates Glücksspiel	**4,0**	**2,3 – 5,7**	**5,9**	10,0	5,0 – 15,0	8,9	2,5	1,3 – 4,2	2,8

N_{BZgA} Irgendein Glücksspiel = 11.418
N_{BZgA} Geldspielautomaten = 11.500
N_{BZgA} Lotterien = 11.427
N_{BZgA} Sportwetten = 11.488
N_{BZgA} Angebote in Spielbanken = 11.491
N_{BZgA} Internetglücksspiel = 11.496
N_{BZgA} Privates Glücksspiel = 11.499
$N_{Spielhallen\text{-}Servicekräfte}$ = 300
Signifikante Werte sind fett markiert

Aus der Tabelle geht hervor, dass sich ein Großteil der erhobenen Daten dieser Arbeit signifikant von denen der BZgA unterscheidet. Deutliche Ausprägungen sind bei der Nutzung von irgendeinem Glücksspiel, Geldspielautomaten und Lotterien zu erkennen.

Während 49,7 Prozent der Spielhallen-Servicekräfte in den letzten zwölf Monaten an irgendeinem Glücksspiel teilgenommen haben, lag dieser Anteil unter den BZgA-Befragten bei 37,3 Prozent. Noch deutlicher sind die Unterschiede bei den Befragungsteilnehmern (70 % zu 41,4 %). Aber auch bei den Befragungsteilnehmerinnen liegt der Anteil der Glücksspielerinnen in der Stichprobe der Spielhallen-Servicekräfte mit 44,6 Prozent über dem in der Gruppe der BZgA-Befragten mit 33 Prozent.

Von besonderem Interesse sind in diesem Zusammenhang die Teilnahmeprävalenzen an Geldspielautomaten. Die Teilnahmeprävalenzen bei dieser Spielform weisen (mit 29,3 % zu 2,6 %) die auffälligsten Unterschiede auf. Bei den Befragungsteilnehmern liegt die Differenz mit 45,9 Prozentpunkten sogar noch höher (50 % zu 4,1 %). Die Befragungsteilnehmerinnen weisen Werte von 24,2 Prozent (Spielhallen-Servicekräfte) und einem Prozent (BZgA-Befragte) auf.

Auch bei der Nutzung von Lotterien sind erhebliche Differenzen zu erkennen (26,3 % zu 16,4 %). Diese spiegeln sich sowohl bei den männlichen (40 % zu 17,6 %) als auch bei den weiblichen Teilnehmern/Teilnehmerinnen (22,9 % zu 15,2 %) wider.

Bei allen anderen Glücksspielformen (abgesehen vom privaten Glücksspiel) liegt der Anteil der TeilnehmerInnen in der Stichprobe der Spielhallen-Servicekräfte deutlich über dem aus der Stichprobe der BZgA-Befragten. Bei den männlichen Spielhallen-Servicekräften wird auch das private Glücksspiel häufiger genutzt (nicht signifikant). Bei den weiblichen Spielhallen-Servicekräften liegt der Anteil der Teilnehmerinnen an Angeboten in Spielbanken und am privaten Glücksspiel unter dem der Vergleichsgruppe (nicht signifikant).

Die Glücksspielpräferenzen und die Teilnahmeprävalenzen von Spielhallen-Servicekräften und der deutschen Bevölkerung weichen dementsprechend stark voneinander ab. Wie bereits in vorherigen Kapiteln beschrieben, ist davon auszugehen, dass sich die Unterschiede unter anderem durch die berufliche Tätigkeit von Spielhallen-Servicekräften erklären lassen. Die verschiedenen Teilnahmeprävalenzen an Geldspielautomaten stärken diese Hypothese.

Es besteht die Annahme, dass Spielhallen-Servicekräfte einen höheren Anteil an problematischen und pathologischen Glücksspielern/Glücksspielerinnen aufweisen als die gesamtdeutsche Bevölkerung. Aus diesem Grund werden die

Klassifizierungen in auffällige und unauffällige GlücksspielerInnen nachfolgend näher betrachtet (s. Tab. 30).

Tabelle 30: Vergleich der Klassifizierungen nach BBGS und SOGS 1+ (vgl. Banz & Lang, 2017, S. 128)

	Auffällig	
	n	%
Gesamt – Spielhallen-Servicekräfte **$N_{Spielhallen\text{-}Servicekräfte}$ = 300**	28	**9,3**
Konfidenzintervall 95 % KI		**6,7 – 12,3**
Gesamt – BZgA **N_{BZgA} = 11.501**	478	**3,73**
Männlich – Spielhallen-Servicekräfte **$n_{Spielhallen\text{-}Servicekräfte}$ = 60**	10	**16,7**
Konfidenzintervall 95 % KI		**10,0 – 25,0**
Männlich – BZgA **n_{BZgA} = 5.551**	305	**4,43**
Weiblich – Spielhallen-Servicekräfte **$n_{Spielhallen\text{-}Servicekräfte}$ = 240**	18	**7,5**
Konfidenzintervall 95 % KI		**5,0 – 10,4**
Weiblich – BZgA **n_{BZgA} = 5.950**	173	**3,02**

N_{BZgA} = ungewichtete Fallzahlen
n_{BZgA} = ungewichtete Fallzahlen
$\%_{BZgA}$ = gewichtet
Signifikante Werte sind fett markiert

Während der Anteil der auffälligen GlücksspielerInnen in der Stichprobe der Spielhallen-Servicekräfte bei 9,3 Prozent liegt, ist der Anteil in der Stichprobe der BZgA (3,73 %) signifikant niedriger. Noch deutlichere Unterschiede bestehen bei den Befragungsteilnehmern mit Anteilen von 16,7 Prozent (Spielhallen-Servicekräfte) und 4,43 Prozent (BZgA-Befragte). Für die Befragungsteilnehmerinnen ergeben sich Prozentwerte von 7,5 Prozent (Spielhallen-Servicekräfte) und 3,02 Prozent (BZgA-Befragte). Es ist somit festzustellen, dass der Anteil von Personen mit einem problematischen beziehungsweise pathologischen Glücksspielverhalten in der Gruppe der Spielhallen-Servicekräfte deutlich über dem in der deutschen Bevölkerung liegt. Bei dieser Feststellung gilt es zu beachten, dass unterschiedliche Screeningverfahren (BBGS und SOGS) angewendet wurden. Die Aussagekraft ist dementsprechend (zusätzlich zu den bereits beschriebenen Limitationen) beschränkt.

Aufgrund der erheblichen Unterschiede bei den Teilnahmeprävalenzen an Geldspielautomaten sollte diese Glücksspielform, im Vergleich mit externen Referenzen, näher betrachtet werden. Der Ergebnisbericht der BZgA liefert diesbezüglich Informationen über die Glücksspielorte von Geldspielautomaten (s. Tab. 31).

Tabelle 31: Vergleich der Glücksspielorte von Geldspielautomaten (vgl. Banz & Lang, 2017, S. 122)

	Automaten-spielende – Spielhallen-Servicekräfte n = 88		Konfidenz-interfall 95 % KI	Automaten-spielende – BZgA n = 374	
	n	%		n	%
In anderen Spielhallen	**76**	**86,4**	**79,5 – 92,0**	**200**	**53,8**
Gaststätten	19	21,6	13,6 – 27,3	116	27,2
An meinem Arbeitsplatz	13	14,8	9,1 – 20,5	-	-
Imbiss-/Dönerbuden	**6**	**6,8**	**3,4 – 11,4**	**93**	**30,8**
In einem Verein	1	1,1	0,0 – 3,4	5	0,8
Sonstiges	**1**	**1,1**	**0,0 – 3,4**	**14**	**4,1**
Kiosk	0	0	/	5	1,8
Internet-Café	0	0	/	3	0,8

- = nicht erhoben
Signifikante Werte sind fett markiert

Durch die auf die Zielgruppe abgestimmten Fragen und Antwortmöglichkeiten hatten Spielhallen-Servicekräfte die Option, den eigenen Arbeitsplatz als Spielort anzugeben. Diese zusätzliche Antwortmöglichkeit bestand (aufgrund der fehlenden Sinnhaftigkeit) nicht in der Studie der BZgA. Es kann dennoch festgestellt werden, dass Spielhallen-Servicekräfte verhältnismäßig häufiger am eigenen Arbeitsplatz spielen als die Befragten der BZgA in einem Kiosk, im Internet-Café, im Verein und an sonstigen Spielorten zusammen.

Der am meisten genannte Glücksspielort ist sowohl in der Stichprobe der Spielhallen-Servicekräfte als auch in der Stichprobe der BZgA die Spielhalle, wobei diese Angabe bei den Spielhallen-Servicekräften signifikant häufiger gemacht wurde.

Darauf folgen in der Stichprobe der Spielhallen-Servicekräfte die Gaststätten. Dieser Spielort wird häufiger (nicht signifikant) von den Befragten der BZgA genannt (21,6 % zu 27,2 %). Imbiss- und Dönerbuden werden in diesem Zusammenhang signifikant öfter von den Befragten der BZgA angegeben (6,8 % zu 30,8 %). Bei allen anderen Spielorten (Verein, Kiosk, Internet-Café), abgesehen von „Sonstiges", können keine signifikanten Werte festgestellt werden. Auffällig ist jedoch, dass der Kiosk und das Internet-Café nicht von Spielhallen-Servicekräften als Spielort angegeben werden.

5 Diskussion

In diesem Kapitel erfolgt die Diskussion der Ergebnisse. Für eine bessere Übersichtlichkeit und Strukturierung wurde die folgende Zusammenfassung in vier Themenbereiche unterteilt.

5.1 Zusammenfassung

Teilnahmeprävalenzen und Problemspielstatus

Für die Untersuchung wurde eine quantitative Befragung von 300 Spielhallen-Servicekräften durchgeführt. Diese erfolgte schriftlich mithilfe von Fragebögen. Es stellte sich heraus, dass 29,3 Prozent der Befragten in den letzten zwölf Monaten an Geldspielautomaten gespielt hatten. Andere Glücksspielformen wurden vergleichsweise selten von Spielhallen-Servicekräften wahrgenommen.

Im Rahmen einer Korrespondenzanalyse ließ sich feststellen, dass 62,5 Prozent der automatenspielenden Servicekräfte ausschließlich an Geldspielautomaten spielen. Von den übrigen Glücksspielern/Glücksspielerinnen an Geldspielautomaten wurden Lotterien (23,9 %), Sportwetten (13,6 %), Angebote in Spielbanken (11,4 %), Internetglücksspiel (10,2 %) und privates Glücksspiel (10,2 %) als zusätzlich genutzte Glücksspiele angegeben.

Insgesamt 9,3 Prozent der befragten Spielhallen-Servicekräfte gelten als mögliche problematische beziehungsweise pathologische GlücksspielerInnen. Der Anteil der Männer (16,7 %) liegt dabei deutlich über dem der Frauen (7,5 %). Aufgrund der erhobenen Daten ist davon auszugehen, dass die Befragten erst nach Aufnahme der beruflichen Tätigkeit vermehrt an Glücksspielen teilnahmen.

Typische Spielverhaltensmuster

Der mit Abstand am häufigsten genannte Spielort für Geldspielautomaten sind Spielhallen anderer Anbieter (86,4 %). Aber auch in Gaststätten (21,6 %) und am eigenen Arbeitsplatz (14,8 %) werden Geldspielautomaten genutzt. Auffällig ist in diesem Zusammenhang, dass acht Prozent der Spielhallen-Servicekräfte angeben, mit Geldern aus der Kasse des Arbeitsplatzes zu spielen. In der Regel werden jedoch Trinkgelder (58 %) und das eigene Geld (88,6 %) an Geldspielautomaten eingesetzt.

Aufgrund der verstärkten Nutzung von Trinkgeldern als Spieleinsatz sind diese von besonderem Interesse. Gewinne von KundInnen sind häufig mit Trinkgeldern verbunden. In der Folge ist ein vermehrtes „Mitfiebern“ der

Spielhallen-Servicekräfte während des Spiels (der KundInnen) zu beobachten. Es stellte sich heraus, dass über die Hälfte der Spielhallen-Servicekräfte Geldgewinne der KundInnen zum Erhalt von Trinkgeldern für relevant oder eher relevant erachtet. Während 77 Prozent des spielenden Personals diese Einstellung teilen, liegt dieser Anteil in der Gruppe der auffälligen GlücksspielerInnen sogar noch höher, nämlich bei 85,7 Prozent. Dementsprechend kann an dieser Stelle von einer passiven Spielpartizipation (durch Trinkgelder) ausgegangen werden.

Die Hauptmotive für die Nutzung von Geldspielautomaten sind Geldgewinne, Ablenkung und Entspannung. Diese Motive lassen sich in derselben Reihenfolge sowohl bei den männlichen als auch bei den weiblichen Spielhallen-Servicekräften erkennen.

Präventionsmaßnahmen

Spielhallen-Servicekräfte sind für die Umsetzung der gesetzlich vorgeschriebenen Maßnahmen der Suchtprävention (für KundInnen) während des Spielbetriebs zuständig. Auch wenn ein Großteil der Befragten von der Existenz der Maßnahmen weiß, erachtet deutlich weniger als die Hälfte der Befragten (39,6 %) diese Maßnahmen als sinnvoll. Ein noch deutlicheres Antwortverhalten zeigt sich beim spielenden Personal und bei den auffälligen Glücksspielern/Glücksspielerinnen. Während 29,5 Prozent des spielenden Personals diese Maßnahmen als sinnvoll erachten, sind es bei den auffälligen Glücksspielern/Glücksspielerinnen lediglich 14,3 Prozent.

Suchtpräventionen für Angestellte des eigenen Unternehmens werden von circa einem Viertel der Befragten genannt. Es handelt sich hierbei in der Regel um AnsprechpartnerInnen im Unternehmen, Sozialkonzepte, Internet- und Hilfeangebote.

Vergleich von Subgruppen

Im Rahmen des Vergleichs zwischen spielendem und nicht spielendem Personal sind sowohl bezüglich des Geschlechts als auch bezüglich des Alters signifikante Unterschiede bei den Subgruppen zu erkennen. So befinden sich in der Gruppe der männlichen Befragten deutlich mehr Personen mit Glücksspielerfahrung (50 %) als in der Gruppe der weiblichen Befragten (24,2 %). Weiterhin ist festzustellen, dass die Gruppe des spielenden Personals jünger als die des nicht spielenden Personals ist.

Auffällige und unauffällige GlücksspielerInnen unterscheiden sich vor allem hinsichtlich des Migrationshintergrunds. Während 57,1 Prozent der auffälligen GlücksspielerInnen einen Migrationshintergrund aufweisen, gibt nur ein Drittel der unauffälligen GlücksspielerInnen an, dass mindestens ein Elternteil nicht in Deutschland geboren ist. Weiterhin spielen die auffälligen

Spielhallen-Servicekräfte signifikant häufiger und mit höheren monatlichen Geldeinsätzen an Geldspielautomaten.

Im Rahmen von binär-logistischen Regressionen konnte festgestellt werden, dass sowohl die unabhängigen Variablen als auch deren Auswirkungen zu Beginn der Spielerkarriere andere als jene bei der Feststellung des Problemspielerstatus sind. So sind die wesentlichen Faktoren, die eine Spielbeteiligung voraussagen das Geschlecht, das Alter, die Einstellungen zur Relevanz von Geldgewinnen in Bezug auf Trinkgelder, die Risikobereitschaft und kognitive Verzerrungen. In Bezug auf den Problemspielerstatus konnte lediglich die 12-Monats-Teilnahmeprävalenz an Geldspielautomaten als wesentlicher Faktor ermittelt werden.

5.2 Einordnung in die Literatur

In Europa bestehen bisher keine Studien zu problematischem und pathologischem Glücksspielverhalten bei Spielhallen-Servicekräften. Weltweit gibt es derzeit jedoch zwölf relevante Studien zu ähnlichen Thematiken (s. Abschn. 2.5 *Forschungsstand zu problematischem und pathologischem Glücksspielverhalten bei Angestellten aus der Glücksspielbranche*) aus fünf verschiedenen Ländern (USA, Kanada, Australien, Südkorea, China).

Während sich die bereits bestehenden Studien auf glücksspielbezogene Probleme bei Mitarbeitern/Mitarbeiterinnen aus Casinos und der Glücksspielbranche (Club- und Hotel-Angestellte) beziehen, liegt der Schwerpunkt dieser Forschungsarbeit speziell auf Mitarbeitern/Mitarbeiterinnen von Spielhallen (Spielhallen-Servicekräfte). Somit wird eine Basis für weitergehende Forschung auf diesem Gebiet geschaffen. Weiterhin wird im Rahmen dieser Arbeit erstmals auch in Deutschland das Glücksspielverhalten von Mitarbeitern/Mitarbeiterinnen aus der Glücksspielbranche näher betrachtet.

Indem bei einem Teil der bestehenden Studien eher allgemeine gesundheitliche Risiken (wie beispielsweise Tabak- und Alkoholprobleme) untersucht werden, werden glücksspielbezogene Probleme (z. T.) nur nebensächlich behandelt. In der vorliegenden Arbeit wird ausschließlich auf glücksspielbezogene Probleme eingegangen. Dadurch werden die einzelnen Facetten dieses Problems genauer beleuchtet.

In den bereits bestehenden Studien stellte sich heraus, dass MitarbeiterInnen aus der Glücksspielbranche eine erhöhte Prävalenz für problematisches und pathologisches Glücksspielverhalten aufweisen. Zudem nutzen sie Glücksspielangebote deutlich häufiger als die Gesamtbevölkerung (s. Abschn. 2.5 *Forschungsstand zu problematischem und pathologischem Glücksspielverhalten bei*

Angestellten aus der Glücksspielbranche). Diese Ergebnisse decken sich mit den Ergebnissen dieser Arbeit.

Hing und Breen (2005) fanden in diesem Zusammenhang heraus, dass sich das erhöhte Risiko aus einer Vielzahl von Faktoren, die sich auf die Arbeitsumgebung (Casinos) bezieht, ergibt. Auch diese Annahme konnte im Rahmen der vorliegenden Untersuchung bestätigt werden. In weiteren Studien aus den Jahren 2006 und 2008 stellten Hing und Breen fest, dass der regelmäßige Kontakt und die Interaktionen mit Glücksspielern/Glücksspielerinnen berufsspezifische Faktoren sind, die eine Teilnahme an Glücksspielen fördern. Während Hing und Breen ihre Untersuchung auf 73 qualitative Interviews (Face-to-Face-Befragung) stützten, ließen sich ähnliche Ergebnisse auch in der vorliegenden Untersuchung durch quantitative Befragungen feststellen. So werden mögliche kognitive Verzerrungen mit der Berufserfahrung in Verbindung gebracht und die Relevanz von Geldgewinnen der KundInnen in Bezug auf den Erhalt von Trinkgeldern untersucht.

Auffällig war in diesem Zusammenhang, dass ungefähr die Hälfte aller Spielhallen-Servicekräfte Geldgewinne der KundInnen als relevant oder eher relevant erachtet. Während es beim spielenden Personal ein Anteil von 77 Prozent ist, beläuft sich dieser bei den auffälligen Glücksspielern/Glücksspielerinnen sogar auf 85,7 Prozent. Dies macht deutlich, dass wahrscheinlich ein Zusammenhang zwischen dem Spielausmaß und der passiven Partizipation an Glücksspielen (durch den Erhalt von Trinkgeldern) besteht. Auf eine passive Spielpartizipation während der Arbeitszeit wurde in vorangegangenen Studien nicht genauer eingegangen. Es ist dementsprechend überraschend, dass ein Großteil der Befragten an den Gewinnen der KundInnen derart interessiert ist.

Es war zu erwarten, dass Spielhallen-Servicekräfte überdurchschnittlich häufig in Spielhallen Geldspielautomaten nutzen, da es sich hierbei um das „gewohnte Setting" handelt. Dennoch ist es auffällig, dass 86,4 Prozent der spielenden Servicekräfte in Spielhallen spielen, während „lediglich" 53,4 Prozent der GlücksspielerInnen an Geldspielautomaten aus der Studie der BZgA Spielhallen als Glücksspielort angeben. In den themenähnlichen Studien wurde hauptsächlich das Glücksspielverhalten in Casinos untersucht. Dadurch wurden weitere Spielorte (wie beispielsweise reine Automatencasinos) nicht abgefragt.

Im Rahmen der vorliegenden Arbeit ist zu erkennen, dass die vermehrte Teilnahme an Glücksspielen auffällig häufig zeitgleich mit der Aufnahme der beruflichen Tätigkeit erfolgte. Diese Ergebnisse decken sich unter anderem mit denen von Hing und Gainsbury (2011). Zudem stellten sie fest, dass Angestellte mit einem Problemspielerstatus oft den intensivsten Kontakt mit Glücksspiel und Glücksspielern/Glücksspielerinnen während der Arbeitszeit haben (vgl. Hing &

Gainsbury, 2011, S. 14 ff.). Die von Hing und Gainsbury beschriebenen Interaktionen mit Glücksspiel und Glücksspielern/Glücksspielerinnen (während der Arbeitszeit) spiegeln sich mit denen von Spielhallen-Servicekräften. Auf Grundlage der in dieser Arbeit erhobenen Daten und der bereits bestehenden Studien kann angenommen werden, dass glücksspielbezogene Probleme in der Regel erst während der beruflichen Tätigkeit in einer Spielhalle entstanden sind.

Eine Erklärung für die überdurchschnittliche Nutzung von Glücksspielen durch Casino-MitarbeiterInnen ist aber auch, dass ProblemspielerInnen beziehungsweise Personen aus Risikogruppen vermehrt nach Anstellungen in der Glücksspielbranche suchen (vgl. Hing & Gainsbury, 2011, S. 18). Im Rahmen der vorliegenden Arbeit stellte sich heraus, dass zwölf Prozent der Befragten bereits vor der Tätigkeit als Spielhallen-Servicekraft an Geldspielautomaten gespielt haben.

Durch binär-logistische Regressionen konnten die wesentlichen Faktoren, die eine Spielbeteiligung und jene die den Problemspielerstatus voraussagen, ermittelt werden. In den bisherigen Studien sind diesbezüglich wenig bis gar keine Informationen vorhanden. Zur Verbesserung der Einstellungskriterien für Spielhallen-Servicekräfte und Casino-MitarbeiterInnen ist dementsprechend weitere Forschung nötig.

Für die Untersuchung des Glücksspielverhaltens wurde auch die Herkunft der Geldeinsätze abgefragt. Dabei ergab sich, dass 58 Prozent der spielenden Servicekräfte Trinkgelder und acht Prozent Gelder aus der Kasse der eigenen Spielhalle für Glücksspiel nutzen. Auch wenn beispielsweise Hing und Breen (2008b) von Trinkgeldern als Spieleinsatz berichten, war deren derart intensive Verwendung bisher nicht festgestellt worden. Auch die Nutzung der Kasse als „Kurzzeitkredit“ war zuvor noch nicht untersucht worden.

In Teilen der bestehenden Studien wird auch auf die unternehmensinternen Präventions- und Hilfeprogramme eingegangen. So geben beispielsweise Hing und Breen (2005) an, dass zahlreiche Maßnahmen, die glücksspielbezogene Probleme unter Mitarbeitern/Mitarbeiterinnen minimieren beziehungsweise verringern sollen, existieren. Shaffer et al. (1999) stellten diesbezüglich fest, dass die Teilnahme an unternehmensinternen Präventions- und Hilfeprogrammen gering ist. In Deutschland existieren bisher keine Daten bezüglich Suchtpräventionsmaßnahmen speziell für Angestellte aus der Glücksspielbranche. Deshalb wurde in einem ersten Schritt die Existenz von eben diesen abgefragt. Lediglich 27,3 Prozent der hier befragten Spielhallen-Servicekräfte berichten von Präventionsprogrammen oder Ähnlichem. Dabei ist festzustellen, dass der Schwerpunkt bei einer Vielzahl der geschilderten Maßnahmen auf der Suchtprävention für KundInnen liegt.

In diesem Zusammenhang sind auch die Einstellungen der Angestellten bezüglich Suchtpräventionsmaßnahmen für KundInnen von Interesse. In den vorangegangenen Studien wird dieser Aspekt wenig bis gar nicht behandelt. In der quantitativen Befragung von 300 Spielhallen-Servicekräften erachtet deutlich weniger als die Hälfte der Befragten (39,6 %) Suchtpräventionsmaßnahmen für KundInnen als sinnvoll.

Im Gegensatz zu den bestehenden Studien werden im Rahmen dieser Studie auch Vergleiche zwischen verschiedenen Subgruppen angestellt. Auf diese Weise konnten spielendes und nicht spielendes Personal sowie GlücksspielerInnen mit und ohne Problemspielstatus bezüglich ihrer soziodemografischen Merkmale, ihrer Verhaltensweisen und ihrer Einstellungen betrachtet werden. Somit konnte verdeutlicht werden, welche Personengruppen innerhalb der Gruppe der Spielhallen-Servicekräfte ein erhöhtes Risiko für die Teilnahme an Glücksspielen oder für ein auffälliges Glücksspielverhalten aufweisen. In weiten Teilen konnten dabei Übereinstimmungen mit den von Banz und Lang (2017) beschriebenen Risikogruppen (für problematisches und pathologisches Glücksspielverhalten in der Gesamtbevölkerung) erkannt werden.

Zudem war zu erwarten, dass das spielende Personal und die auffälligen GlücksspielerInnen Suchtpräventionsmaßnahmen für KundInnen negativer als die jeweiligen Vergleichsgruppen einschätzen. Dennoch ist es überraschend, dass beide Subgruppen Suchtprävention derart häufig als weniger oder nicht sinnvoll bewerten. Besonders auffällig ist, dass lediglich 14,8 Prozent der auffälligen GlücksspielerInnen Suchtprävention als sinnvoll oder eher sinnvoll bewerten, während dies immerhin 39,2 Prozent der unauffälligen GlücksspielerInnen tun. Da ebendiese Maßnahmen hauptsächlich von Spielhallen-Servicekräften umgesetzt werden, ist auch an dieser Stelle weitere Forschung nötig. In den internationalen Studien lag der Schwerpunkt bisher eher auf Suchtpräventionsmaßnahmen für Angestellte.

5.3 Kritik

Wie bereits beschrieben, existieren in Deutschland bisher keine Studien über Glücksspielproblematiken bei Mitarbeitern/Mitarbeiterinnen von Spielhallen. Im Rahmen dieser Arbeit sollte diese Forschungslücke geschlossen werden, um eine Basis für weitergehende Untersuchungen zu schaffen. Aufgrund der speziellen Thematik gibt es bisher auch keine standardisierten beziehungsweise validierten Items für diese Zielgruppe. Dementsprechend war es zwingend erforderlich, ein Stück weit auf selbst entwickelte Items zurückzugreifen.

Weiterhin sind an dieser Stelle Störvariablen während der Befragung zu erwähnen. Es wurden MitarbeiterInnen von mehreren Spielhallen-Standorten zu unterschiedlichen Tageszeiten (Frühschicht, Mittelschicht, Spätschicht) befragt. Durch die unterschiedlichen Befragungsumgebungen waren auch der Lärmpegel und das Aufkommen der KundInnen während der Befragung nicht einheitlich. Da der Zugang zu dieser Zielgruppe eher schwierig ist, konnten derartige Störvariablen im Rahmen der Erstuntersuchung jedoch nicht vermieden werden.

Neben den Störvariablen sollte auch der Screener für die Feststellung von problematischem und pathologischem Glücksspielverhalten Erwähnung finden. Zum einen ist nicht davon auszugehen, dass alle TeilnehmerInnen wahrheitsgemäß geantwortet haben, da bestimmte Antworten zumindest eine Abmahnung, schlimmstenfalls sogar den Arbeitsplatzverlust nach sich ziehen könnten. Basierend auf sozial erwünschtem Antwortverhalten könnte es sich bei der Prävalenz (von 9,3 %) somit um eine Unterschätzung handeln. Zum anderen ist der Screener eher ungenau. Um den Fragebogen in seiner Länge zu begrenzen, konnte hier nur ein „Schnellscreener“ verwendet werden, sodass auch eine Überschätzung zustande gekommen sein könnte. Dementsprechend ist es möglich, dass sich die beiden Effekte ausgleichen.

Durch regelmäßige technische Neuerungen und Spielinnovationen handelt es sich bei der Glücksspielbranche um eine sehr dynamische Branche. Im Rahmen dieses Forschungsvorhabens werden daher nur die für diese Thematik relevanten Neuerungen vollumfänglich betrachtet. So wurde im Jahr 2018 beispielsweise die technische Richtlinie 5 (TR 5) eingeführt, welche jedoch voraussichtlich keine Auswirkungen auf das Glücksspielverhalten von Spielhallen-Servicekräften hat. Diese und ähnliche Neuerungen finden im Rahmen dieser Arbeit somit keine Betrachtung.

Für die quantitative Befragung wurden 300 Spielhallen-Servicekräfte befragt. Eine größere Anzahl von Befragungsteilnehmern/Befragungsteilnehmerinnen wäre nach praktischen und ökonomischen Gesichtspunkten nur schwer zu realisieren gewesen. Es ist festzustellen, dass der Zusammenhang zwischen der beruflichen Tätigkeit in einer Spielhalle und problematischem beziehungsweise pathologischem Glücksspielverhalten kausal sein kann. Mit den Daten dieser Arbeit kann Kausalität jedoch nicht bestimmt werden.

Bei der vorliegenden Untersuchung handelt es sich um eine Ein-Punkt-Messung. Dementsprechend sind keine Aussagen über Ursachen- und Wirkungsprinzipien möglich. Aufgrund der speziellen Zielgruppe und Thematik wäre eine Untersuchung mit mehreren Messzeitpunkten schwer zu realisieren gewesen.

Die Befragung wurde mit Kontaktpersonen im Bekanntenkreis durchgeführt. Außerdem wurden verschiedene Spielhallen aufgesucht und dort die Möglichkeit der Teilnahme kommuniziert. Die Befragung beschränkte sich dabei auf die Bundesländer Bremen und Niedersachsen. Die TeilnehmerInnen kommunizierten die Möglichkeit der Teilnahme an einer Befragung wiederum im eigenen Bekanntenkreis. Aufgrund des initiierten Schneeballsystems konnte keine Gesamtheit aller Spielhallen-Servicekräfte nachgebildet werden. Da zum Teil sehr sensible Fragen gestellt wurden, war es nur schwer möglich, eine repräsentative Auswahl von Befragungsteilnehmern/Befragungsteilnehmerinnen außerhalb des Bekanntenkreises zu gewinnen. Des Weiteren ist nicht vollständig bekannt, wie sich die Grundgesamtheit aller Spielhallen-Servicekräfte nach soziodemografischen und sonstigen relevanten Merkmalen zusammensetzt. Aus diesen Gründen wurde die Gelegenheitsstichprobe verwendet, wodurch es sich bei dem beschriebenen Sample um keine repräsentative Studie handelt. Eine Verallgemeinerung auf alle Spielhallen-Servicekräfte ist somit ausgeschlossen.

5.4 Ausblick

> *„In meiner Spielhalle gibt es kein spielendes Personal. Und ich glaube, damit spreche ich für die gesamte Branche.“* (Zitat eines Spielhallenbetreibers)

Im Jahr 2018 verabschiedete die Legislativversammlung Macaus ein Casinoverbot für Angestellte aus der Glücksspielbranche. Das Verbot gründet in der Annahme, dass 30 Prozent der problematischen und pathologischen GlücksspielerInnen ehemalige oder aktive Angestellte aus der Glücksspielbranche sind. Mithilfe des Verbots sollen glücksspielbezogene Probleme minimiert und der Spielerschutz gestärkt werden (Mayer, 2019).

In Macau wurden bereits erste Schritte eingeleitet, um problematisches beziehungsweise pathologisches Glücksspielverhalten bei Mitarbeitern/Mitarbeiterinnen aus der Glücksspielbranche zu verhindern. Auch wenn Macau das erste Land (chinesische Sonderverwaltungszone) ist, in dem derartige Verbote existieren, so zeigt es, dass die Vulnerabilität von Angestellten aus der Glücksspielbranche in anderen Ländern bereits präsenter ist als in Deutschland. Aufgrund der Ergebnisse der vorliegenden Arbeit und der bereits bestehenden Studien sollte sich auch die deutsche Politik intensiver mit der Problematik der spielenden Servicekräfte befassen. Dabei könnten auch Erfahrungen aus Macau in die Diskussion einfließen.

In Deutschland existieren bereits zahlreiche (gesetzlich vorgeschriebene) Maßnahmen der Suchtprävention für KundInnen von Spielhallen. Zur

Einhaltung dieser Maßnahmen hat der Gesetzgeber Spielhallenbetreibern/Spielhallenbetreiberinnen auferlegt, Präventionsschulungen für Spielhallen-Servicekräfte durchführen zu lassen. Die bereits bestehenden Präventionsschulen könnten eine gute Grundlage zur Vermeidung von glücksspielbezogenen Problemen unter Angestellten bieten. In Zukunft sollte dementsprechend darüber nachgedacht werden, diese Schulungen zu erweitern, um auch die Betroffenheit von Spielhallen-Servicekräften zu thematisieren.

Zudem ist es fragwürdig, dass die Personen, die in erster Linie für die Umsetzung der Suchtpräventionsmaßnahmen für KundInnen zuständig sind, zum Teil selbst GlücksspielerInnen sind oder Anzeichen von problematischem beziehungsweise pathologischem Glücksspielverhalten aufweisen. Im Rahmen der vorliegenden Arbeit stellte sich heraus, dass lediglich 29,5 Prozent des spielenden Personals die bestehenden Maßnahmen als sinnvoll erachten. Die bisherigen Strukturen sollten diesbezüglich überdacht werden, um ein verantwortungsbewusstes Glücksspiel zu fördern.

Auch die BetreiberInnen von Spielhallen sollten sich der Vulnerabilität ihrer Angestellten in Bezug auf glücksspielbezogene Probleme bewusst werden. Zu einer verantwortungsbewussten Unternehmensführung gehört auch der Schutz des eigenen Personals vor berufsspezifischen Risiken. Auch wenn zum jetzigen Stand der Forschung noch keine Kausalität festgestellt werden kann, gilt es, auch mögliche Risiken zu beachten. Denn die bisher erhobenen Daten zeigen, dass ein Zusammenhang zwischen der beruflichen Tätigkeit als Spielhallen-Servicekraft und einem problematischen Glücksspielverhalten bestehen könnte.

Bereits jetzt zeichnet sich ab, dass Spielhallen-Servicekräfte Geldgewinne der KundInnen zum Erhalt von Trinkgeldern als relevant erachten. Diese Form der passiven Spielpartizipation und das dadurch bedingte „Mitfiebern“ gilt es zu unterbinden. Eine mögliche Lösung könnte beispielsweise das Verbot von Trinkgeldern sein. Bei einem Trinkgeldverbot in Spielhallen müssten die fehlenden Einnahmen der Servicekräfte jedoch durch Gehaltserhöhungen ausgeglichen werden.

Zur Vermeidung von pathologischem Glücksspielverhalten unter Angestellten sind auch die Einstellungskriterien für Spielhallen-Servicekräfte zu überdenken. So könnten beispielsweise Fragen zu deren Glücksspielerfahrungen gestellt werden. Ein weiterer Schwerpunkt könnten unternehmensinterne Präventionsmaßnahmen sein. Im Rahmen der quantitativen Befragung stellte sich heraus, dass lediglich 27,3 Prozent der Befragten von der Verfügbarkeit unternehmensinterner Präventionsmaßnahmen (für Angestellte) berichten. Diesen Pfeiler der Präventionsarbeit gilt es auszubauen.

Neben unternehmensinternen Maßnahmen sollten aber auch externe AnsprechpartnerInnen für betroffene Spielhallen-Servicekräfte zur Verfügung stehen. Aufgrund der Sensibilität der Thematik kann nicht davon ausgegangen werden, dass sich Angestellte bei bestehenden Problematiken ihrem Arbeitgeber anvertrauen möchten. Anders als andere GlücksspielerInnen werden spielende Servicekräfte täglich (durch ihre berufliche Tätigkeit) mit Glücksspiel konfrontiert. Somit ist es nicht möglich, den Kontakt mit Glücksspiel beziehungsweise Interaktionen mit Glücksspielern/Glücksspielerinnen zu beschränken. Externe AnsprechpartnerInnen sollten dementsprechend auch in der Lage sein, Auswege und damit verbundene alternative berufliche Beschäftigungsfelder für Spielhallen-Servicekräfte aufzuzeigen. Denn eine neue berufliche Beschäftigung zur Sicherung des Lebensunterhalts kann bei betroffenen Spielhallen-Servicekräften ein wichtiger Schritt in eine glücksspielfreie Zukunft sein.

Aufgabe der Automatenbranche beziehungsweise der Automatenverbände ist es, den Erfahrungsaustausch unter den Spielhallenbetreibern/Spielhallenbetreiberinnen voranzutreiben. Motivationstreiber können dabei neben sozialen Aspekten auch wirtschaftliche Ansatzpunkte sein. Durch die Entlassung einer spielenden Servicekraft entstehen Personalkosten (für Neueinstellungen, Einarbeitungen etc.). Diese Kosten könnten mithilfe von vorausschauender Präventionsarbeit (teilweise) vermieden werden.

Die Ergebnisse der vorliegenden Arbeit zeigen, dass weitere Forschung auf diesem Gebiet nötig ist. In Zukunft sollten Längsschnittstudien zur genaueren Untersuchung des Glücksspielverhaltens dieser Zielgruppe durchgeführt werden. Auch Repräsentativbefragungen sind in diesem Zusammenhang von enormer Relevanz. Ein Schwerpunkt kann dabei auf Strategien zur Vermeidung von glücksspielbezogenen Problemen unter Angestellten liegen. Aber auch die Gründe für die verstärkte Teilnahme an Glücksspielen sollten in diesem Zusammenhang genauer erforscht werden.

Neben der weiterführenden Betrachtung von Spielhallen-Servicekräften sollten auch Angestellte aus anderen Bereichen der Glücksspielbranche untersucht werden. In diesem Zusammenhang ist das Glücksspielverhalten des Funktionspersonals (TechnikerInnen, KassiererInnen, RegionalleiterInnen etc.) von besonderem Interesse. Aber auch MitarbeiterInnen anderer Glücksspielformen (z. B. von Spielbanken, Sportwettbüros, Lottoannahmestellen) sollten in kommende Untersuchungen einbezogen werden. Es ist davon auszugehen, dass auch diese von derartigen Problemen betroffen sind.

Wünschenswert ist auch eine Öffnung der Automatenbranche gegenüber der Wissenschaft. Sowohl für die Wissenschaft als auch für die Automatenbranche ist die Vermeidung von problematischem und pathologischem

Glücksspielverhalten unter Angestellten von enormer Relevanz. Eine Ablehnung jeglicher wissenschaftlicher Untersuchung ist in diesem Zusammenhang nicht hilfreich. Ein erster Schritt wären ein vereinfachter Zugang zu wissenschaftlich relevanten Zielgruppen und die Anerkennung der Relevanz von Suchtforschung für das eigene Unternehmen sowie für die Branche.

Abschließend sei darauf hinzuweisen, dass sich die Befunde dieser Studie in einem Spannungsverhältnis bewegen. Auf der einen Seite wird von der Automatenbranche politisch mit hochqualifiziertem und geschultem Personal geworben. Auf der anderen Seite ist aber offensichtlich ein signifikanter Anteil dieses Personals selbst von Glücksspielproblematiken betroffen. Vorrangiges Ziel muss es in der Zukunft sein, diesen offensichtlichen Widerspruch ein Stück weit aufzulösen.

Anhang

Leitfaden für die qualitativen Interviews

Allgemeine Informationen

- Wie alt sind Sie?
- Wie lange waren/sind Sie als Spielhallen-Servicekraft tätig?
- Wie viele MitarbeiterInnen hatte/hat das Unternehmen, in dem Sie gearbeitet haben/arbeiten?
- Wie viele Spielhallen hatte/hat das Unternehmen?

Entstehungsbedingungen des problematischen beziehungsweise pathologischen Glücksspielverhaltens

- Empfinden Sie es als interessant, Spielern/Spielerinnen beim Spielen zuzuschauen?
- Welche Auswirkung hatte der Prozess der Spielbegleitung?
  - Trinkgelder?
  - Vorbuchen?
  - Spielberatung?
  - Vorzeitiges Auszahlen des Gewinnbetrags?
- Warum haben Sie das erste Mal gespielt (während Ihrer beruflichen Tätigkeit)?
  - Sind Sie davon ausgegangen, Gewinnmöglichkeiten und -zeitpunkte mithilfe Ihrer Berufserfahrung einschätzen zu können?
- Wann haben Sie das erste Mal gespielt (während Ihrer beruflichen Tätigkeit)?
- Was empfanden Sie als besonders reizvoll?
- Mit wie viel Geld haben Sie angefangen zu spielen?
  - Woher stammt das Geld, mit dem Sie gespielt haben (Kasse, Trinkgeld)?
- Warum haben Sie nicht aufgehört zu spielen?

Suchtprävention durch den Arbeitgeber

- Gab es eine Suchtprävention durch den Arbeitgeber?
- Wusste Ihr Arbeitgeber von Ihrem Problem?
  - Wie hat Ihr Arbeitgeber von Ihrem Problem erfahren?
  - Wie hat Ihr Arbeitgeber auf Ihre Probleme reagiert?
- Was halten Sie von Suchtprävention für KundInnen?
- Was sollte Ihr Arbeitgeber tun, um Glücksspiel bei Mitarbeitern/Mitarbeiterinnen zu verhindern?

  - Wie können Risiken minimiert werden?
- Was würden Sie gerne über Geldspielautomaten erfahren?
- Wie hoch schätzen Sie den Anteil der Spielhallen-Servicekräfte mit Glücksspielproblemen unter allen Spielhallen-Servicekräften ein?

Auswirkung der beruflichen Tätigkeit in Bezug auf das Glücksspielverhalten

- Haben Sie vor Ihrer beruflichen Tätigkeit Kontakt mit Glücksspiel gehabt?
  - Haben Sie vor Ihrer beruflichen Tätigkeit gespielt?
- Wie hat sich Ihr Job auf Ihr Glücksspielverhalten ausgewirkt?
- Wie lange haben Sie gespielt, bis jemand etwas gemerkt hat?
- Wann haben Sie gespielt?
  - Haben Sie während der Arbeitszeit gespielt?
  - Haben Sie während der Schließzeiten gespielt?
- Spielen Sie heute noch?
- Wie gestaltet sich Ihr Glücksspielverhalten? (Wie war es, als Sie noch gespielt haben?)
  - Wie oft spielen Sie? (Wie oft haben Sie gespielt?)
  - In welchen Situationen haben Sie gespielt?
  - Wo haben Sie gespielt?
- Welche Glücksspielformen haben Sie genutzt? (Welche Glücksspielformen nutzen Sie?)
- Haben Ihre KollegInnen davon etwas mitbekommen?
  - Wie haben diese reagiert?
  - Spielen Ihre KollegInnen?
- Wie hat sich Ihr Freundeskreis entwickelt? Haben Sie Freundschaften mit KundInnen?
  - Spielen Personen aus Ihrem Freundeskreis
- Sehen Sie es als problematisch an, in einer Spielhalle zu arbeiten und in der Freizeit zu spielen?

Finanzieller Hintergrund und berufliche Alternativen der Spielhallen-Servicekraft

- Haben Sie Schulden aufgrund von glücksspielbezogenen Problemen? Hatten Sie Schulden aufgrund von glücksspielbezogenen Problemen?
- Haben Sie professionelle Hilfeangebote wahrgenommen?
- Welche Aus- und Weiterbildungen haben Sie in Ihrem Leben absolviert?
- Was sind Ihre beruflichen Alternativen?

Haben Sie noch Ergänzungen oder weiterführende Informationen?

Fragebogen für die quantitative Erhebung

Fragebogen zu Ihren Glücksspieleinstellungen und Ihrem Glücksspielverhalten

Sehr geehrte Damen und Herren,
im Rahmen meiner Dissertation an der Universität Bremen untersuche ich die Einstellungen zum Glücksspiel und das eigene Glücksspielverhalten von Spielhallen-Servicekräften. Dafür führe ich eine Befragung mit mindestens 300 Spielhallen-Servicekräften durch. Ihre Erfahrungen sind dabei besonders wichtig.
Ich würde mich freuen, Sie für meine Befragung gewinnen zu können. Gerne können Sie die Möglichkeit der Teilnahme in Ihrem Kollegenkreis kommunizieren.
Die Teilnahme ist freiwillig und Ihre Anonymität ist gewährleistet. Es werden keinerlei Informationen bezüglich der Teilnehmer, Spielhallenstandorte oder Arbeitgeber preisgegeben.

Vielen Dank für Ihre Hilfe! Für Rückfragen stehe ich natürlich gerne jederzeit zur Verfügung!
Ihr Christian Kornek
E-Mail: christian@kornek.eu

Allgemeine Informationen

1. Sind Sie männlich oder weiblich?
   (Bitte kreuzen Sie eine Antwortmöglichkeit an.)
   - ☐ Männlich
   - ☐ Weiblich

2. Wie alt sind Sie?
   (Bitte nennen Sie Ihr Alter.)
   ________________Jahre

3. Was ist ihr höchster Bildungsabschluss?
   (Bitte kreuzen Sie eine Antwortmöglichkeit an.)
   - ☐ Kein Schulabschluss
   - ☐ Hauptschulabschluss
   - ☐ Realschule (mittlere Reife)
   - ☐ Fachabitur
   - ☐ Gymnasium (Abitur)
   - ☐ Abgeschlossene Berufsausbildung
   - ☐ Studium

4. Sind Ihre Eltern beide in Deutschland geboren?
   (Bitte kreuzen Sie eine Antwortmöglichkeit an.)
   - ☐ Ja
   - ☐ Nein

5. Wie lange arbeiten Sie als Spielhallen-Servicekraft?
   (Bitte nennen Sie die Anzahl der Jahre.)
   ________________Jahre

6. Wie viele Spielhallen hat das Unternehmen, in dem Sie arbeiten?
   (Bitte kreuzen Sie eine Antwortmöglichkeit an.)
   - ☐ 1 – 10
   - ☐ 11 – 50
   - ☐ 51 – 100
   - ☐ 101 – 150
   - ☐ 151 – 300
   - ☐ > 300

Ihre Einstellungen

7. Die folgenden Aussagen können mehr oder weniger auf Sie zutreffen.
   (Bitte kreuzen Sie bei jeder Aussage an, inwieweit diese auf Sie persönlich zutrifft.)

	Trifft gar nicht zu	Trifft wenig zu	Trifft etwas zu	Trifft ziemlich zu	Trifft voll und ganz zu
Manchmal tue ich spontan Dinge, die ich besser nicht getan hätte.	☐	☐	☐	☐	☐
Um mich besser zu fühlen, mache ich manchmal Sachen, die ich später bereue.	☐	☐	☐	☐	☐
Ich denke normalerweise genau nach, bevor ich etwas unternehme.	☐	☐	☐	☐	☐
Ich entscheide meist nach sorgfältigem und logischem Überlegen.	☐	☐	☐	☐	☐
Was ich begonnen habe, führe ich auch zu Ende.	☐	☐	☐	☐	☐
Ich teile meine Zeit gut ein, sodass ich Aufgaben rechtzeitig erledigen kann.	☐	☐	☐	☐	☐
Ich bin bereit, Risiken einzugehen.	☐	☐	☐	☐	☐
Ich bin gerne bereit, etwas zu wagen.	☐	☐	☐	☐	☐

8. Können Sie Gewinnmöglichkeiten an Geldspielautomaten mithilfe Ihrer Berufserfahrung einschätzen?
(Bitte kreuzen Sie eine Antwortmöglichkeit an.)
   - ☐ Ich weiß es nicht
   - ☐ Ja
   - ☐ Eher ja
   - ☐ Eher nein
   - ☐ Nein

9. Können Sie Gewinnzeitpunkte an Geldspielautomaten mithilfe Ihrer Berufserfahrung einschätzen?
(Bitte kreuzen Sie eine Antwortmöglichkeit an.)
   - ☐ Ich weiß es nicht
   - ☐ Ja
   - ☐ Eher ja
   - ☐ Eher nein
   - ☐ Nein

10. Ein Spieler möchte einen Gewinn erzielen. Sollte er bei der Auswahl eines Geldspielautomaten auf die letzten Gewinne und Verluste des jeweiligen Geräts achten?
(Bitte kreuzen Sie eine Antwortmöglichkeit an.)
   - ☐ Ich weiß es nicht
   - ☐ Ja
   - ☐ Eher ja
   - ☐ Eher nein
   - ☐ Nein

11. Bewerten Sie, inwieweit Sie den Aussagen zustimmen oder nicht zustimmen. Diese Aussagen beziehen sich auf alle Glücksspielformen.
(Bitte kreuzen Sie bei jeder Aussage eine Zahl an.)

	Stimmt gar nicht			neutral			Stimmt voll-kommen
Ich sehe Glücksspiel als eine Herausforderung an.	1	2	3	4	5	6	7
Ich sollte die Übersicht über vorangegangene erfolgreiche Strategien behalten, um so herauszufinden, wie ich in der Zukunft spielen sollte.	1	2	3	4	5	6	7
Mein Wissen und Können beim Glücksspiel beeinflussen die Wahrscheinlichkeit, dass ich Geld machen werde.	1	2	3	4	5	6	7
Glücksspiel ist mehr als reines Glück.	1	2	3	4	5	6	7

	Stimmt gar nicht			neutral			Stimmt voll-kommen
Meine Entscheidungen oder Handlungen wirken sich auf das Spiel, bei dem ich gesetzt habe, aus.	1	2	3	4	5	6	7
Meine Siege beim Glücksspiel zeugen davon, dass ich über Können und Wissen im Bereich des Glücksspiels verfüge.	1	2	3	4	5	6	7
Ich habe mehr Können und Wissen im Bereich des Glücksspiels als die meisten Leute, die spielen.	1	2	3	4	5	6	7
Ich habe eine „Glückstechnik", die ich beim Spielen anwende.	1	2	3	4	5	6	7

12. Ist es wichtig, dass Spieler gewinnen, damit Sie Trinkgelder bekommen?
(Bitte kreuzen Sie eine Antwortmöglichkeit an.)
☐ Ich weiß es nicht
☐ Ja
☐ Eher ja
☐ Eher nein
☐ Nein

Ihr Glücksspielverhalten

13. Wie oft haben Sie in den letzten zwölf Monaten an folgenden Glücksspielen teilgenommen? *(Bitte kreuzen Sie bei jedem Glücksspiel eine Antwort an. Wenn Sie „Sonstige Glücksspiele" nutzen, nennen Sie bitte die Glücksspiele.)*

	Gar nicht	Bis 5-mal im Jahr	6- bis 11-mal im Jahr	1-mal im Monat	Mehrmals im Monat	1-mal in der Woche	Mehrmals in der Woche	Täglich
Geldspielautomaten	☐	☐	☐	☐	☐	☐	☐	☐
Lotterien	☐	☐	☐	☐	☐	☐	☐	☐
Sportwetten	☐	☐	☐	☐	☐	☐	☐	☐
Angebote in Spielbanken	☐	☐	☐	☐	☐	☐	☐	☐
Internetglücksspiel	☐	☐	☐	☐	☐	☐	☐	☐
Privates Glücksspiel	☐	☐	☐	☐	☐	☐	☐	☐
Sonstige Glücksspiele:	☐	☐	☐	☐	☐	☐	☐	☐

14. Wie oft haben Sie vor Ihrer aktuellen beruflichen Tätigkeit (als Spielhallen-Servicekraft) an folgenden Glücksspielen teilgenommen?
(Bitte kreuzen Sie bei jedem Glücksspiel eine Antwort an. Wenn Sie „Sonstige Glücksspiele" genutzt haben, nennen Sie bitte die Glücksspiele.)

	Gar nicht	Bis 5-mal im Jahr	6- bis 11-mal im Jahr	1-mal im Monat	Mehrmals im Monat	1-mal in der Woche	Mehrmals in der Woche	Täglich
Geldspielautomaten	☐	☐	☐	☐	☐	☐	☐	☐
Lotterien	☐	☐	☐	☐	☐	☐	☐	☐
Sportwetten	☐	☐	☐	☐	☐	☐	☐	☐
Angebote in Spielbanken	☐	☐	☐	☐	☐	☐	☐	☐
Internetglücksspiel	☐	☐	☐	☐	☐	☐	☐	☐
Privates Glücksspiel	☐	☐	☐	☐	☐	☐	☐	☐
Sonstige Glücksspiele:	☐	☐	☐	☐	☐	☐	☐	☐

15. Wo nutzen Sie Geldspielautomaten?
(Mehrere Antworten möglich. Bitte kreuzen Sie an. Wenn Sie „Sonstiges" ankreuzen, nennen Sie bitte den Ort, an dem Sie Geldspielautomaten nutzen.)
☐ Gar nicht
☐ An meinem Arbeitsplatz
☐ In anderen Spielhallen
☐ Gaststätten
☐ Imbiss-/Dönerbuden
☐ Kiosk
☐ Internet-Café
☐ In einem Verein
☐ Sonstiges:______________________________

16. Wie viel Geld geben Sie im Monat durchschnittlich für Glücksspiel an Geldspielautomaten aus? Beziehen Sie Ihre Angabe auf die letzten zwölf Monate.
(Bitte kreuzen Sie eine Antwortmöglichkeit an.)
☐ 0 €
☐ 1 – 10 €
☐ 11 – 30 €
☐ 31 – 50 €
☐ 51 – 70 €
☐ 71 – 90 €
☐ > 90 €

17. Woher stammt das Geld, mit dem Sie an Geldspielautomaten spielen?
(Mehrere Antworten sind möglich. Bitte kreuzen Sie an. Wenn Sie „Sonstiges“ ankreuzen, nennen Sie bitte die Herkunft ihrer Spieleinsätze.)
- ☐ Ich spiele nicht
- ☐ Trinkgelder
- ☐ Geld aus der Kasse meiner Spielhalle
- ☐ Geld von Kunden (geschenkte Spieleinsätze)
- ☐ Geliehenes Geld
- ☐ Mein eigenes Geld
- ☐ Sonstiges:______________________________

18. Verleitet die Tätigkeit der Spielhallen-Servicekraft Sie zum Spielen an Geldspielautomaten?
(Bitte kreuzen Sie eine Antwortmöglichkeit an.)
- ☐ Ich weiß es nicht
- ☐ Ja
- ☐ Eher ja
- ☐ Eher nein
- ☐ Nein

19. Verleitet die Tätigkeit der Spielhallen-Servicekraft andere Angestellte zum Spielen an Geldspielautomaten?
(Bitte kreuzen Sie eine Antwortmöglichkeit an.)
- ☐ Ich weiß es nicht
- ☐ Ja
- ☐ Eher ja
- ☐ Eher nein
- ☐ Nein

20. Warum spielen Sie an Geldspielautomaten?
(Mehrere Antworten sind möglich. Bitte kreuzen Sie an. Wenn Sie „Sonstiges“ ankreuzen, nennen Sie bitte den Grund für die Nutzung von Glücksspiel.)
- ☐ Ich spiele nicht
- ☐ Geldgewinn
- ☐ Geselligkeit
- ☐ Entspannung
- ☐ Ich kenne mich aus
- ☐ Ablenkung
- ☐ Ungestört sein
- ☐ Sonstiges:______________________________

Die folgenden drei Fragen (21., 22., 23.) beziehen sich auf alle Glücksspielformen.

21. Waren Sie in den letzten zwölf Monaten unruhig, gereizt oder ängstlich, wenn Sie versucht haben, gar nicht oder weniger zu spielen?
(Bitte kreuzen Sie eine Antwortmöglichkeit an.)
☐ Ich spiele nicht
☐ Ja
☐ Nein

22. Haben Sie in den letzten zwölf Monaten versucht, das Ausmaß Ihrer Spielaktivität vor Ihrer Familie oder Ihren Freunden zu verbergen?
(Bitte kreuzen Sie eine Antwortmöglichkeit an.)
☐ Ich spiele nicht
☐ Ja
☐ Nein

23. Hatten Sie in den letzten zwölf Monaten finanzielle Probleme aufgrund von Glücksspiel, sodass Sie Ihren Lebensunterhalt nur mithilfe der Familie, Freunden oder dem Sozialamt bestreiten konnten?
(Bitte kreuzen Sie eine Antwortmöglichkeit an.)
☐ Ich spiele nicht
☐ Ja
☐ Nein

Suchtprävention

24. Gibt es Maßnahmen der Suchtprävention für Kunden Ihres Unternehmens?
(Bitte kreuzen Sie eine Antwortmöglichkeit an.)
☐ Ich weiß es nicht
☐ Ja
☐ Nein

25. Gibt es Suchtpräventionen für Angestellte Ihres Unternehmens?
(Bitte kreuzen Sie eine Antwortmöglichkeit an. Wenn Sie „Ja“ ankreuzen, nennen Sie bitte die Arten der Suchtprävention.)
☐ Ich weiß es nicht
☐ Ja:____
☐ Nein

26. Wie bewerten Sie Suchtprävention für Kunden?
(Bitte kreuzen Sie eine Antwortmöglichkeit an.)
☐ Ich weiß es nicht
☐ Sinnvoll
☐ Eher sinnvoll
☐ Weniger sinnvoll
☐ Nicht sinnvoll

27. Was passiert, wenn Ihr Arbeitgeber erfährt, dass Angestellte spielen?
(Mehrere Antworten sind möglich. Bitte kreuzen Sie an. Wenn Sie „Sonstiges“ ankreuzen, nennen Sie bitte die Folgen.)
- ❒ Ich weiß es nicht
- ❒ Gar nichts
- ❒ Ermahnung
- ❒ Abmahnung
- ❒ Fristlose Kündigung
- ❒ Sonstiges:______________________________

28. Weiß Ihr Arbeitgeber, dass Sie spielen?
(Bitte kreuzen Sie eine Antwortmöglichkeit an.)
- ❒ Ich spiele nicht
- ❒ Ja
- ❒ Nein

Ihre Schätzungen

29. Wie hoch schätzen Sie den Anteil der spielenden Servicekräfte ein?
(Bitte kreuzen Sie eine Antwortmöglichkeit an.)
- ❒ 0 – 10 %
- ❒ 11 – 30 %
- ❒ 31 – 50 %
- ❒ 51 – 70 %
- ❒ 71 – 90 %
- ❒ 91 – 100 %

30. Wie hoch schätzen Sie den Anteil der spielenden Servicekräfte mit glücksspielbezogenen Problemen ein?
(Bitte kreuzen Sie eine Antwortmöglichkeit an.)
- ❒ 0 – 10 %
- ❒ 11 – 30 %
- ❒ 31 – 50 %
- ❒ 51 – 70 %
- ❒ 71 – 90 %
- ❒ 91 – 100 %

Möchten Sie diesem Fragebogen noch etwas hinzufügen?

____

____

____

Ich bedanke mich herzlich für Ihre Hilfe!

Multikollinearität - spielendes/nicht spielendes Personal

Tabelle 32: Merkmalszusammenhänge (Cohens d) dichotomer und mindestens ordinalskalierter Prädiktoren für die Teilnahme an Glücksspielen

	Geschlecht
Alter	-0,059
Einschätzen von Gewinnmöglichkeiten	-0,129
Einschätzen von Gewinnzeitpunkten	-0,164
Sollten SpielerInnen auf die letzten Gewinne und Verluste achten?	-0,308
Gamblers Beliefs Questionnaire	0,494
Dringlichkeit (I-8)	0,240
Absicht (I-8)	0,097
Ausdauer (I-8)	-0,344
Risikobereitschaft (I-8)	0,186
Relevanz von Geldgewinnen (der KundInnen) in Bezug auf Trinkgelder	-0,329
Bewertung von Suchtprävention	0,064

Festgelegter Multikollinearitätsgrenzwert: $|d| \geq 0{,}8$
Fett markiert = zu großer Merkmalszusammenhang, der Multikollinearität verursachen könnte

Tabelle 33: Merkmalszusammenhänge (Spearmans Rho) mindestens ordinalskalierter Prädiktoren für die Teilnahme an Glücksspielen

		1	2	3	4	5	6	7	8	9	10	11
1	Alter	1										
2	Einschätzen von Gewinnmöglichkeiten	0,059	1									
3	Einschätzen von Gewinnzeitpunkten	0,081	0,638	1								
4	Sollten SpielerInnen auf die letzten Gewinne und Verluste achten?	0,178	0,367	0,480	1							
5	Gamblers Beliefs Questionnaire	-0,223	-0,370	-0,379	-0,469	1						
6	Dringlichkeit (I-8)	-0,129	-0,251	-0,229	-0,284	0,274	1					
7	Absicht (I-8)	0,061	0,187	0,112	0,177	-0,119	-0,551	1				
8	Ausdauer (I-8)	0,163	0,070	0,117	0,220	-0,093	-0,323	0,428	1			
9	Risikobereitschaft (I-8)	-0,263	-0,213	-0,224	-0,256	0,334	0,336	-0,080	-0,030	1		
10	Relevanz von Geldgewinnen (der KundInnen) in Bezug auf Trinkgelder	0,143	-0,020	0,186	0,249	-0,005	-0,125	-0,008	0,161	-0,073	1	
11	Bewertung von Suchtprävention	-0,058	0,026	-0,144	-0,279	0,094	0,027	0,114	-0,093	0,128	-0,455	1

Festgelegter Multikollinearitätsgrenzwert: $|r| \geq 0{,}7$

Fett markiert = zu großer Merkmalszusammenhang, der Multikollinearität verursachen könnte

Multikollinearität – auffällige/unauffällige GlücksspielerInnen

Tabelle 34: Merkmalszusammenhänge (Cramers V) nominalskalierter Prädiktoren für den Problemspielerstatus

		1	2	3	4	5	6	7
1	Migrationshintergrund	1						
2	Spielort – In anderen Spielhallen	0,021	1					
3	Herkunft der Geldeinsätze – Trinkgelder	0,075	**0,695**	1				
4	Herkunft der Geldeinsätze – Geld aus der Kasse	0,033	0,265	0,283	1			
5	Herkunft der Geldeinsätze – Geld von KundInnen	0,032	0,245	0,316	**0,451**	1		
6	Herkunft der Geldeinsätze – Geliehenes Geld	0,163	0,224	0,288	0,325	0,353	1	
7	Glücksspielmotive – Geldgewinn	0,078	**0,675**	**0,698**	0,276	0,308	0,281	1

Festgelegter Multikollinearitätsgrenzwert: V ≥ 0,4
Fett markiert = zu großer Merkmalszusammenhang, der Multikollinearität verursachen könnte

Tabelle 35: Merkmalszusammenhänge (Cohens d) dichotomer und mindestens ordinalskalierter Prädiktoren für den Problemspielerstatus

	Migrationshintergrund	Spielort – In anderen Spielhallen	Herkunft der Geldeinsätze – Trinkgelder	Herkunft der Geldeinsätze – Geld aus der Kasse	Herkunft der Geldeinsätze – Geld von KundInnen	Herkunft der Geldeinsätze – Geliehenes Geld	Glücksspielmotive – Geldgewinn
Dringlichkeit (I-8)	-0,038	0,597	**0,925**	0,547	**1,370**	**1,163**	0,674
Ausdauer (I-8)	0,069	-0,326	-0,506	-0,314	**-1,510**	**-1,038**	-0,396
Risikobereitschaft (I-8)	-0,090	**0,863**	**1,083**	**0,974**	**1,063**	**1,497**	**0,926**
Einschätzen von Gewinnzeitpunkten	0,093	-0,695	**-1,064**	**-0,918**	-0,619	**-1,313**	-0,765
Sollten SpielerInnen auf die letzten Gewinne und Verluste achten?	0,438	**-0,817**	**-1,081**	**-1,132**	**-1,739**	**-2,084**	**-1,140**
Gamblers Beliefs Questionnaire	0,464	**0,995**	**1,292**	**0,934**	**1,194**	**2,165**	**1,141**
Relevanz von Geldgewinnen (der KundInnen) in Bezug auf Trinkgelder	0,219	-0,612	**-0,976**	-0,682	**-1,518**	**-1,513**	**-0,884**
12-Monats-Teilnahmeprävalenz an Geldspielautomaten	-0,179	**2,549**	**2,887**	**3,007**	**2,669**	**3,937**	**2,596**
Monatliche Geldeinsätze	-0,132	**2,977**	**2,313**	**1,992**	**1,670**	**2,425**	**2,358**
Bewertung von Suchtprävention	-0,434	0,408	0,594	0,316	0,634	0,633	**0,895**

Festgelegter Multikollinearitätsgrenzwert: $|d| \geq 0,8$
Fett markiert = zu großer Merkmalszusammenhang, der Multikollinearität verursachen könnte

Tabelle 36: Merkmalszusammenhänge (Spearmans Rho) mindestens ordinalskalierter Prädiktoren für den Problemspielerstatus

		1	2	3	4	5	6	7	8	9	10
1	Dringlichkeit (I-8)	1									
2	Ausdauer (I-8)	-0,323	1								
3	Risikobereitschaft (I-8)	0,336	-0,030	1							
4	Einschätzen von Gewinnzeitpunkten	-0,229	0,117	-0,224	1						
5	Sollten SpielerInnen auf die letzten Gewinne und Verluste achten?	-0,284	0,220	-0,256	0,480	1					
6	Gamblers Beliefs Questionnaire	0,274	-0,093	0,334	-0,379	-0,469	1				
7	Relevanz von Geldgewinnen (der KundInnen) in Bezug auf Trinkgelder	-0,125	0,161	-0,073	0,186	0,249	-0,005	1			
8	12-Monats-Teilnahmeprävalenz an Geldspielautomaten	0,289	-0,238	0,347	-0,351	-0,347	0,432	-0,297	1		
9	Monatliche Geldeinsätze	0,289	-0,225	0,343	-0,346	-0,354	0,416	-0,280	**0,976**	1	
10	Bewertung von Suchtprävention	0,027	-0,093	0,128	-0,144	-0,279	0,094	-0,455	0,191	0,177	1

Festgelegter Multikollinearitätsgrenzwert: $|r| \geq 0,7$
Fett markiert = zu großer Merkmalszusammenhang, der Multikollinearität verursachen könnte

Literaturverzeichnis

Albers, N. (2008). § 4 Struktur und ökonomische Beurteilung des Sportwettenmarktes in Deutschland. In I. Gebhardt, & M. Grüsser-Sinopoli, *Glücksspiel in Deutschland* (S. 56–92). Berlin: De Gruyter Rechtswissenschaften Verlags-GmbH.

Albrecht, U. (2006). *Reizreaktion und Verlangen bei pathologischen Glücksspielern: psychologische und physiologische Parameter*. Berlin: Logos Verlag.

AWI Automaten-Wirtschaftsverbände-Info GmbH. (14. 08. 2017). *Schulungsanforderungen der Bundesländer*. Abgerufen am 03. 12. 2018 von https://www.awi-info.de/de/schulungs-anforderungen

Bachmann, M., & El-Akhras, A. (2014). *Glücksspielfrei* (2. Ausg.). Berlin: Springer-Verlag.

Backhaus, K., Erichson, B., Plinke, W., & Weiber, R. (2016). *Multivariate Analysemethoden* (14. Ausg.). Heidelberg: Springer Gabler.

Banz, M., & Lang, P. (2017). *Glücksspielverhalten und Glücksspielsucht in Deutschland. Ergebnisse des Surveys 2017 und Trends. BZgA-Forschungsbericht*. Köln: Bundeszentrale für gesundheitliche Aufklärung.

Bucher, E. (2011). *Sucht und Ausstieg*. Norderstedt: Books on Demand GmbH.

Buchner, U., Koytek, A., Gollrad, T., Arnold, M., & Wodarz, N. (2013). *Angehörigenarbeit bei pathologischem Glücksspiel*. Göttingen: Hogrefe Verlag GmbH.

Die Deutsche Automatenwirtschaft. (2017). *Unsere Zahlen und Fakten auf einen Blick*. Abgerufen am 15. 05. 2018 von https://www.automatenwirtschaft.de/zahlen-fakten/

Die Deutsche Automatenwirtschaft e.V. (ohne Jahr). *Spielrelevante Informationen*. Abgerufen am 24. 04. 2018 von https://awi-info.de/userupload/files/spielrelevante_Informationen_5-SpielV.pdf

Döpfner, M., Gaebel, W., Maier, W., Rief, W., Saß, H., & Zaudig, M. (2015). *Diagnostisches und Statistisches Manual Psychischer Störungen DSM-5*. Göttingen: Hogrefe-Verlag.

Döring, N., & Bortz, J. (2016). Datenerhebung. In N. Döring, & J. Bortz, *Forschungsmethoden und Evaluation* (S. 321–578). Berlin: Springer-Verlag.

Döring, N., & Bortz, J. (2016). Untersuchungsdesign. In N. Döring, & J. Bortz, *Forschungsmethoden und Evaluation* (5. Ausg., S. 181–220). Berlin: Springer-Verlag.

Dormann, C., Elith, J., Bacher, S., Buchmann, C., Carl, G., Carré, G., . . . Lautenbach, S. (2012). Collinearity: A Review of Methods to Deal With it and a Simulation Study Evaluating Their Performance. *Ecography*, *36*, 27–46.

Eid, M., Gollwitzer, M., & Schmitt, M. (2015). *Statistik und Forschungsmethoden* (4. Ausg.). Weinheim: Beltz.

Erster Staatsvertrag zur Änderung des Staatsvertrages zum Glücksspielwesen in Deutschland vom 15. Dezember 2011 (Nds. GVBl. 2012, 190).

Faul, F., Erdfelder, E., Lang, A.-G., & Buchner, A. (2007). G*Power 3: A Flexible Statistical Power Analysis Program for the Social, Behavioral, and Biomedical Sciences. *Behavior Research Methods*, *39*, 175–191.

Füchtenschnieder-Petry, I., & Petry, J. (2010). *Game Over*. Freiburg im Breisgau: Lambertus-Verlag.

games & business. (2018). *Prävention und Spielerschutz*. ohne Ort.

Gauselmann. (ohne Jahr). *Spielhallen*. Abgerufen am 24. 04. 2018 von www.gauselmann.de/Produktwelt/Spielhallen/

Gebauer, L., LaBrie, R., & Shaffer, H. (2010). Optimizing DSM-IV-TR Classification Accuracy: A Brief Biosocial Screen for Detecting Current Gambling Disorders Among Gamblers in the General Household Population. *Canadian Journal of Psychiatry*, *55*, 82–90.

Gesetz zur Regelung des Rechts der Spielhallen im Land Berlin vom 20. Mai 2011 (GVBl. S. 223), das zuletzt durch Artikel 2 des Gesetzes vom 22. März 2016 (GVBl. S. 117) geändert worden ist.

Gesetz zur Regelung des Rechts der Spielhallen im Land Hamburg vom 4. Dezember 2012 (HmbGVBl. S. 505), das zuletzt durch das Gesetz vom 20. Juli 2016 (HmbGVBl. S. 323) geändert worden ist.

Gewerbeordnung in der Fassung der Bekanntmachung vom 22. Februar 1999 (BGBl. I S. 202), die zuletzt durch Artikel 1 des Gesetzes vom 17. Oktober 2017 (BGBl. I S. 3562) geändert worden ist.

Glücksspielaufsichtsbehörden der Länder. (2018). *Der deutsche Glücksspielmarkt 2017 - Eine ökonomische Darstellung, Jahresreport 2017 der Glücksspielaufsichtsbehörden der Länder.*

Gollwitzer, M., & Schmitt, M. (2009). *Sozialpsychologie*. Weinheim: Beltz Verlag.

Guttentag, D., Harrigan, K., & Smith, S. (2012). Gambling by Ontario Casino Employees: Gambling Behaviours, Problem Gambling and Impacts of the Employment. *International Gambling Studies*, *12*:1, 5–22.

Hayer, T. (2012). *Jugendliche und glücksspielbezogene Probleme*. Frankfurt am Main: Peter Lang GmbH.

Hayer, T., Kalke, J., Buth, S., & Meyer, G. (2013). *Die Früherkennung von Problemspielerinnen und Problemspielern in Spielhallen: Entwicklung und Validierung eines Screening-Instrumentes*. Hamburg: Behörde für Gesundheit und Verbraucherschutz.

Hayer, T., Rumpf, H.-J., & Meyer, G. (2014). Glücksspielsucht. In K. Mann, *Verhaltenssüchte* (S. 11–32). Berlin: Springer-Verlag.

Hing, N., & Breen, H. (2005). Gambling Amongst Gaming Venue Employees: Counsellors' Perspectives on Risk and Protective Factors in the Workplace. *Gambling Research, 17*, 25–47.

Hing, N., & Breen, H. (2006). Workplace Factors That Encourage and Discourage Gambling Amongst Gaming Venue Employees: An Employees' Perspective. *Gambling Research, 18*, 7–32.

Hing, N., & Breen, H. (2008a). Gambling Activities and Gambling Problems Among Gaming Venue Employees: A Preliminary Survey. *The Journal of Occupational Health and Safety, 24*, 329–341.

Hing, N., & Breen, H. (2008b). How Working in a Gaming Venue can Lead to Problem Gambling: The Experiences of six Gaming Venue Staff. *Journal of Gambling Issues, 21*, 11–29.

Hing, N., & Breen, H. (2008c). Risk and Protective Factors Relating to Gambling by Employees of Gaming Venues. *International Gambling Studies, 8*, 1–23.

Hing, N., & Gainsbury, S. (2011). Risky Business: Gambling Problems Amongst Gaming Venue Employees in Queensland, Australia. *Journal of Gambling Issues, 25*, 4–23.

Hing, N., & Helen, B. (2007). Workplace Factors that Encourage and Discourage Gambling Amongst Gaming Venue Employees: A Managers' Perspective. *International Journal of Mental Health and Addiction, 5*, 346–366.

Jugendschutzgesetz vom 23. Juli 2002 (BGBl. I S. 2730), das zuletzt durch Artikel Artikel 11 des Gesetzes vom 10. März 2017 (BGBl. I S. 420) geändert worden ist.

Kalke, J., Milin, S., & Buth, S. (2018). Kognitive Verzerrungen bei pathologischen Sportwettern im Vergleich mit Automatenspielern – eine Analyse unter Anwendung des Gamblers Beliefs Questionnaire. *SUCHT, 64* (1), 21–28.

Kotrlik, J., Williams, H., & Jabor, K. (2011). Reporting and Interpreting Effect Size in Quantitative Agricultural Education Research. *Journal of Agricultural Education, 52*, 132–142.

Kovaleva, A., Beierlein, C., Kemper, C., & Rammstedt, B. (2014). *Die Skala Impulsives-Verhalten-8 (I-8)*. Zusammenstellung sozialwissenschaftlicher Items und Skalen. doi: 10.6102/zis183.

Kuhn, L. (2014). *Das Spiel mit dem Glück*. Hamburg: Diplomica Verlag GmbH.

Lee, T., Rhee, H., Shaffer, H., & LaBrie, R. (2008). A Study of South Korean Casino Employees and Gambling Problems. *Occupational Medicine*, *58*, 191–197.

Löwen Gruppe. (ohne Jahr, a). *Automatenfachmann/-frau*. Abgerufen am 24. 04. 2018 von https://karriere.loewen-gruppe.de/ausbildung/informationen/duale-ausbildung/automatenfachmann-frau-fachrichtung-automaten-dienstleistung/

Löwen Gruppe. (ohne Jahr, b). *EXTRA Games Entertainment*. Abgerufen am 03. 05. 2018 von https://www.loewen-gruppe.de/die-gruppe/unsere-unternehmen/extra-games-entertainment/

Mayer, T. (2019). *Schlechte Prognosen: Wie steht es um die Wirtschaft Macaus im Jahre 2019?* Abgerufen am 15. 01. 2019 von https://www.casinoonline.de/nachrichten/wie-steht-es-um-die-wirtschaft-macaus-2019-20240/

Meyer, G. (2016). Glücksspiel – Zahlen und Fakten. In Deutsche Hauptstelle für Suchtfragen e.V., *Jahrbuch Sucht 2016* (S. 126–144). Lengerich: Pabst Science Publishers.

Meyer, G. (2019). Neu zugelassene Geldspielautomaten umgehen die Vorgaben der Spielverordnung. *Gewerbearchiv*, *Heft* 5, 184–188.

Meyer, G., & Bachmann, M. (2017). *Spielsucht* (4. Ausg.). Berlin: Springer-Verlag GmbH.

Meyer, G., & Hayer, T. (2009). Germany. In G. Meyer, T. Hayer, & M. Griffiths, *Problem Gambling in Europe* (S. 85–102). New York: Springer Science + Business Media.

Misoch, S. (2015). *Qualitative Interviews*. Berlin: De Gruyter.

Müller-Spahn, F., & Margraf, J. (2003). *Wenn Spielen pathologisch wird*. Freiburg: Karger AG.

Petry, J. (2006). Der Problemlöseansatz in der Behandlung von Glücksspielsüchtigen. In I. Füchtenschnieder, J. Petry, & M. Horstmann, *Glücksspielsucht heute* (S. 7–19). Geesthacht: Neuland-Verlagsgesellschaft mbH.

Petry, J. (2013). Pathologisches Glücksspielen: Störungsbild und Behandlung. In J. Petry, *Differentielle Behandlungsstrategien bei pathologischem Glücksspielen* (S. 10–21). Freiburg im Breisgau: Lambertus-Verlag.

PGRTC. (2011). *Draft Guideline for Screening, Assessment and Treatment in Problem and Pathological Gambling*. Clayton: Monash University.

Premper, V. (2006). *Komorbide psychische Störungen bei pathologischen Glücksspielern*. Lengerich: Pabst Science Publishers.

Reichertz, J., Möll, G., Niederbacher, A., & Hitzler, R. (2011). *Erwartungsräume*. Essen: Oldib-Verlag.

Reichertz, J., Niederbacher, A., Möll, G., Gothe, M., & Hitzler, R. (2010). *Jackpot* (2. Ausg.). Wiesbaden: VS Verlag für Sozialwissenschaften.

Schüll, N. (2012). *Addiction by Design*. Princeton: Princeton University Press.

Schulz-Hardt, S., Vogelgesang, F., Mojzisch, A., & Ehrling, C. (2015). Haushalten und Verbrauchen: Erhalten von Ressourcen. In K. Moser, *Wirtschaftspsychologie* (2. Ausg., S. 181–206). Berlin: Springer-Verlag.

Shaffer, H., & Hall, M. (2002). The Natural History of Gambling and Drinking Problems Among Casino Employees. *The Journal of Social Psychology*, *142*, 405–424.

Shaffer, H., Vander Bilt, J., & Hall, M. (1999). Gambling, Drinking, Smoking and Other Health Risk Activities Among Casino Employees. *American Journal of Industrial Medicine*, *36*, 365–378.

Sobottka, B. (2007). *Entscheidungsverhalten bei pathologischen Glücksspielern*. Lengerich: Pabst Science Publishers.

Spielverordnung in der Fassung der Bekanntmachung vom 27. Januar 2006 (BGBl. I S. 280), die zuletzt durch Artikel 4 Absatz 61 des Gesetzes vom 18. Juli 2016 (BGBl. I S. 1666) geändert worden ist.

Staatsvertrag zum Glücksspielwesen in Deutschland vom 15. Dezember 2011 (Brem.GBl. 2012, 241).

Steenbergh, T., Meyers, A., May, R., & Whelan, J. (2002). Development and Validation of the Gamblers' Beliefs Questionnaire. *Psychology of Addictive Behaviors*, *16*, 143–149.

Trümper, J., & Heimann, C. (2018). *Angebotsstruktur der Spielhallen und Geldspielgeräte in Deutschland*. Unna: Arbeitskreis gegen Spielsucht e.V.

Verband der Deutschen Automatenindustrie e.V. (2017). *Wirtschaftskraft Unterhaltungsautomaten 2016*. Abgerufen am 15. 05. 2018 von https://www.automatenwirtschaft.de/wp-content/uploads/2017/09/wirtschaftskraft-mu.pdf

Vogelgesang, M. (2013). Die Behandlung von weiblichen Glücksspielern. In J. Petry, *Differentielle Behandlungsstrategien bei pathologischem Glücksspielen* (S. 24–36). Freiburg im Breisgau: Lambertus-Verlag.

Walker, M. (1992). *The Psychology of Gambling*. Oxford: Pergamon.

Whelan, J., Steenbergh, T., & Meyers, A. (2007). *Problem and Pathological Gambling*. Cambridge: Hogrefe & Huber Publishers.

Wu, A., & Wong, E. (2008). Disordered Gambling Among Chinese Casino Employees. *Journal of Gambling Studies*, *24*, 207–217.

Abbildungsverzeichnis

Tabellenverzeichnis